Cuadernos del Acantilado, 19
ANTÓN CHÉJOV

NATALIA GINZBURG

ANTÓN CHÉJOV
VIDA A TRAVÉS DE LAS LETRAS

TRADUCCIÓN DEL ITALIANO
DE CELIA FILIPETTO

BARCELONA 2006   ACANTILADO

TÍTULO ORIGINAL *Anton Čechov. Vita attraverso le lettere*
(*Profilo biografico*)

Publicado por
ACANTILADO
Quaderns Crema, S.A

Muntaner, 462 - 08006 Barcelona
Tel. 934 144 906
correo@acantilado.es
www.acantilado.es

© 1989 by Giulio Einaudi editore, s.p.a.
© de la traducción, 2006 by Celia Filipetto
© de esta edición, 2006 by Quaderns Crema, S.A.

Derechos exclusivos de edición en lengua castellana:
Quaderns Crema, S.A.

En cubierta, Antón Chéjov ante su casa en Mélijovo, 1897

ISBN: 978-84-96489-49-3
DEPÓSITO LEGAL: B. 44 305-2008

AIGUADEVIDRE *Gráfica*
QUADERNS CREMA *Composición*
ROMANYÀ-VALLS *Impresión y encuadernación*

SEXTA REIMPRESIÓN *junio de 2024*
PRIMERA EDICIÓN *abril de 2006*

Bajo las sanciones establecidas por las leyes,
quedan rigurosamente prohibidas, sin la autorización
por escrito de los titulares del copyright, la reproducción total
o parcial de esta obra por cualquier medio o procedimiento mecánico o
electrónico, actual o futuro—incluyendo las fotocopias y la difusión
a través de Internet—, y la distribución de ejemplares de esta
edición mediante alquiler o préstamo públicos.

Antón Chéjov nació en Taganrog el 17 de enero de 1860. Taganrog era una pequeña ciudad del sur de Rusia, a orillas del mar de Azov. Hasta mediados del siglo XIX había sido un centro de actividades comerciales animado y próspero, pero después, por distintas razones—el estancamiento del puerto, la competencia de Rostov del Don—perdió su antiguo prestigio. Al nacer Chéjov, la ciudad llevaba mucho tiempo en declive. El escritor la recordará como un arrabal soñoliento, habitado por gente indolente: noches oscuras y vacías; callejuelas embarradas; en verano, polvo y moscas; el agua era escasa e infecta, y el pan, pésimo.

Cuando él nació, su hermano mayor, Alexandr, tenía cinco años; su hermano Nikolai, dos. Después de él vino al mundo Iván, en 1861; a continuación, su hermana María, en 1863; y, finalmente, Mijaíl, en 1865. Los abuelos paternos y maternos habían sido siervos de la gleba. Al abuelo paterno lo habían liberado en 1841. Durante años, Pável Egórovich, su padre, trabajó de contable y, a fuerza de sacrificios, consiguió montar una pequeña tienda donde vendía azúcar, granos, harina y especias, y, como anexo, tenía una pequeña taberna. La modesta tienda se encontraba en el centro de Taganrog. La casa donde nació Chéjov estaba al lado.

A causa del declive de Taganrog y, sin duda, también por la ineptitud del padre, la tienda iba muy mal. Era un lugar sucio, lleno de ratones, y en invierno hacía un frío gélido. Antón debía hacer allí los deberes, y al mismo tiempo, vigilar a los dos dependientes, servir vodka a los parroquianos y contar el dinero. Quizá por culpa de todas estas pesadas tareas, de niño fue muy mal alumno. Si cometía algún error en las cuentas de la caja, su padre le pegaba con el cinto.

Su padre era un hombre despótico, colérico, de humor cambiante y de una sórdida avaricia, fruto de las dificultades económicas, pero también de su enfermizo apego al poco dinero que le daba la tienda. Era un hombre devoto. El dinero y las prácticas religiosas dominaban sus pensamientos y sus días. La madre era una mujer sumisa, resignada y apática, exhausta por los embarazos tan seguidos, consumida por las preocupaciones. No hacía más que contar mentalmente el poco dinero del que disponían para sacar adelante a la familia, no con la morbosa intensidad de su marido, sino con el terror de una liebre perseguida. Tanto la figura del padre como de la madre aparecen con frecuencia en los cuentos de Chéjov: el humor despótico y colérico de uno, la apática resignación de la otra, los cuartos en los que reinaba el miedo. La madre trataba de defender a los hijos de la cólera y los correazos del padre, pero su protección era débil, aterrorizada, resignada a lo peor. Con este panorama familiar pasa su infancia y su adolescencia Chéjov; de este ambiente nació la profunda aversión que el escritor sintió toda la vida hacia las prácticas religiosas y su constante preocupación por el dinero, aunque no en forma de pasión avara y ávida, como le ocurría a su padre, sino como una necesidad apremiante y obsesiva, como le ocurría a su madre. Al mismo tiempo, dada su naturaleza contradictoria y llena de contrastes, además de la permanente preocupación, sentía también una profunda y total indiferencia por la naturaleza del dinero, que lo impulsaba a regalarlo a quien fuese en cuanto disponía de él.

Jamás consiguió librarse de su familia; de seis hijos que eran, fue el único que, desde muy joven, tomó las riendas y asumió las responsabilidades del hogar, carga que llevó sobre los hombros hasta el final de sus días.

El padre manifestaba cierto amor por el arte, extraña característica en un temperamento beato y rapaz como el suyo. Tocaba el violín de forma autodidacta y pintaba imágenes sagradas. Chéjov dijo más tarde que sus hermanos habían heredado el talento artístico del padre y el alma de la madre.

Entre sus parientes, el más querido era Mitrofán, su tío paterno. Vivía en Taganrog; los jóvenes Chéjov iban a menudo a su casa.

Decepcionado por lo mal que marchaba la tienda, el padre quiso que los hijos estudiaran. Sin embargo, ocurría con frecuencia que no podían ir a la escuela porque no habían pagado las mensualidades, o porque no tenían zapatos o ropa adecuada. Alexandr parecía tener aptitud para las matemáticas; a Nikolai le encantaba pintar. En un principio, Antón decidió que quería estudiar medicina. A los quince años estuvo a punto de morir de peritonitis, y se salvó gracias a la paciencia y la devoción de un médico; tal vez la idea de ser médico le viniera de esa época. Esos estudios exigían largos años de dedicación y muchos gastos. Sin embargo, no cejó en su empeño. De pequeño era dejado y distraído; en el bachillerato se aplicó mucho en los estudios.

La peritonitis le dejó secuelas: molestias intestinales y unas hemorroides que lo atormentaron el resto de sus días.

En un solar heredado, su padre construyó una casa a la que se trasladó la familia. Era una casa grande, de la que alquilaba un ala un tal Seliványov, funcionario del tribunal. En su construcción se gastaron todos los ahorros. Las deudas hicieron del padre de Chéjov un hombre aún más colérico. Los dos hijos mayores se marcharon de Taganrog, pues no soportaban el ambiente familiar, y se establecieron en Moscú.

Alexandr encontró un puesto de preceptor en una familia. Además, trabajaba de amanuense. Mantenía a su hermano Nikolai, que confiaba en poder matricularse en una escuela de arte.

Cuando se marcharon sus dos hijos, el padre montó en cólera. Sin embargo, poco tiempo después, se vio obligado a reunirse con ellos en Moscú y a pedirles asilo. Se había decretado la quiebra del negocio y temía acabar en la cárcel. Se marchó de Taganrog de madrugada, a pie, y tomó el tren en la siguiente estación para que nadie lo viera. Durante un tiempo, trabajó de obrero en un taller de Moscú y luego de amanuense en un almacén. La madre puso la casa en venta y se la compró Selivánov, su inquilino. Ella también se marchó a Moscú con María y Mijaíl, y se alojó en casa de unos parientes. Iván se quedó en Taganrog, con una tía; Antón también se quedó. Selivánov le había ofrecido un lugar donde dormir y un plato de comida a cambio de que le diera clases de repaso a su sobrino. Vivió, pues, como subordinado en la casa que había pertenecido a su familia.

La madre le encargó que vendiese los pocos

objetos salvados del naufragio: algunos bártulos, alguna que otra silla rota, las cacerolas. Y para mandarle algo de dinero, iba de acá para allá en busca de compradores y de más clases de repaso. Tenía dieciséis años. Más tarde dijo que la pobreza de aquellos años era para él como una muela picada, que le producía un dolor persistente y sordo del que no se libraba jamás.

Tres años después obtuvo el diploma de bachiller y una beca de veinticinco rublos mensuales. Partió para Moscú. La familia se había reunido y vivía acampada en un sótano. Al poco tiempo se marchó el padre, tras encontrar una cama en el almacén donde trabajaba; ganaba treinta rublos al mes, pero le pasaba poco dinero a la familia porque se había dado a la bebida. No obstante, el hecho de que no viviera con ellos era un alivio para todos; sólo aparecía los domingos. También se marchó Alexandr. En aquel sótano sin ventilación eran demasiados, pero Antón convenció a su madre para que admitiera como pensionistas a tres estudiantes, y ella aceptó.

Disipado en las tabernas el despotismo paterno, la madre, falta de energía y acostumbrada a obedecer, fue incapaz de llevar adelante aquella comunidad familiar desordenada y desorientada. Alexandr, el hijo mayor, se mantenía lejos de la familia, igual que el padre, y sólo pensaba en sí mismo; poseía una inteligencia viva, pero de ideas confusas; era mitómano y veleidoso, enviaba a los periódicos escritos que de vez en cuando le publicaban; soñaba con grandes acontecimientos y, entretanto, bebía. Cuando estaba borracho se volvía antipático y violento; no tardó en unirse a una mujer que había dejado al marido para irse con él, tuvieron hijos. Nikolai, el segundogénito, también se dio a la bebida, como su hermano y su padre; era de naturaleza amable, pero holgazán y de carácter débil; la vocación que tenía por la pintura se le iba en vodka y en dormir; se levantaba a mediodía, pintaba poco, en contadas ocasiones lograba colocar algún pequeño dibujo por unos pocos kopecs. En cuanto a los demás, Iván estudiaba para maestro con empeño pero escasa fe en el futuro; María ayudaba a su madre en las labores del hogar y tejía chales que después vendía. Y Mijaíl todavía era niño. Antón decidió que María y Mijaíl debían seguir estudiando. Creyó necesario mudarse a un sitio un poco mejor, así que dejaron aquel sótano estrecho y húmedo, y en la misma calle pobre y de mala fama, encontraron un apartamento algo más grande, en un segundo piso.

A los diecinueve años, Antón se convirtió en el cabeza de familia, de todos ellos era el único con las ideas claras. En sus visitas semanales, el padre se entristecía al notar que había perdido las riendas de la casa; quería seguir imponiendo disciplina, prácticas religiosas, horarios que nadie respetaba, pero estaba siempre borracho y a menudo ausente.

En el año 1881, Dostoievski moría en San Petersburgo. Dos años más tarde, desaparecía Turguéniev.

En 1881, la bomba de un terrorista mató al zar Alejandro II. Le sucedió su hijo, Alejandro III. Su gobierno fue mucho más opresivo que el anterior. Aumentó la vigilancia policial, se multiplicaron los registros y las detenciones, la censura se hizo más rígida. Chéjov, que entonces iba a la universidad, asistía a las asambleas estudiantiles en las que se debatían ideas revolucionarias. Pero asistía sólo como espectador. Creía en el progreso de la ciencia, y consideraba que éste acabaría con la miseria y la injusticia social del mundo.

En esa época quería ser médico y no tenía otros planes. Cuando empezó a enviar relatos cortos a las revistas humorísticas, como hacía su hermano Alexandr, sólo le interesaba ganar unos cuantos kopecs. Durante un tiempo, sus relatos fueron rechazados, hasta que llegó un día en que entre las observaciones destinadas a los escritores noveles, publicadas en *La Libélula*, en la columna titulada «Buzón de correo», leyó el siguiente comentario a uno de sus cuentos: «Nada mal. Publicaremos lo que nos ha mandado. Nuestra bendición por su futuro trabajo.» El cuento apareció dos meses más tarde; Chéjov había firmado «V.». Corría el año 1880; ese año le publicaron nueve cuentos y al año siguiente, otros trece. Le pagaban cinco kopeks la línea. Y mientras escribía debía tener bien grabadas en la mente dos cosas: la necesidad de ser breve y no superar nunca el número de líneas del encargo, y las imposiciones de la censura. Adoptó varios pseudónimos, el más frecuente era Antosha Chejonte. En ocasiones tardaban en pagarle, o bien le pagaban con entradas de teatro.

Los hermanos Chéjov amaban apasionadamente el teatro. En Taganrog, cuando eran muchachitos, interpretaban ante un público de amigos y parientes las comedias escritas por Antón. Él también actuaba, y arrancaba aplausos y carcajadas. A los trece años, en Taganrog, quedó embelesado tras ver *La bella Elena*, de Offenbach. Más tarde vio con gran emoción *Hamlet* y *El revisor* de Gógol.

En el año 1880 escribió en Moscú una comedia de cuatro actos, sin título. Estaba abarrotada de personajes y era muy confusa. Tenía lugar en una casa de campo, donde un grupo de personas ociosas soñaban, en medio de bostezos, con una vida mejor. Un parásito cínico y pelagatos llamado Platínov sacaba partido del atractivo que ejercía en las mujeres para aprovecharse de ellas. Finalmente, sentía remordimientos y, en voz alta y delante de todos, decía cuánto se despreciaba. Tanto la ambientación como los personajes volverían a aparecer en el teatro de Chéjov. Pidió a su hermano Mijaíl que copiara la comedia. Y fue el mismo Mijaíl quien se encargó de llevarla al Teatro Maly para que se la entregaran a la famosa actriz María Ermólova. La comedia fue rechazada. Mortificado, Antón la destruyó. Años después de su muerte, se encontró una primera versión a la que se le puso el título de *Platónov* y se representó en París con algunos cortes, sin los cuales habría durado más de siete horas.

Tras destruir esta comedia, Chéjov volvió a sus cuentos cómicos. Rompió relaciones con *La Libélula*. Enviaba los cuentos a otras revistas, a *El Despertador* y *El Espectador*, que le pagaban un poco mejor, seis kopeks la línea. Un día de otoño de 1882, cuando paseaba con su hermano Nikolai por una calle de Moscú, se detuvo delante de ellos un carruaje del que bajó el poeta Palmin, al que Chéjov conocía; con él iba un caballero gordo de tupida barba negra, era Leikin, director de *Astillas*, revista humorística de San Petersburgo. Palmin le dijo a Leikin: «He ahí dos hermanos con mucho ingenio, uno pinta y el otro escribe.» Leikin buscaba colaboradores para su revista. Los cuatro entraron en una cervecería; Leikin los invitó a salchichas y cerveza. Le propuso a Antón que le enviara relatos y a Nikolai que los ilustrara. Los cuentos debían ser breves, ligeros y cómicos, tener en cuenta la censura y evitar toda referencia a la dureza de los tiempos. Fijó la remuneración, ocho kopeks la línea. Antón le prometió que le enviaría a San Petersburgo un paquete con manuscritos ilustrados por Nikolai.

Escribía en los momentos libres. Su casa era muy ruidosa: su hermano Alexandr llegaba borracho, e insultaba a la hermana y a la madre; Nikolai también regresaba borracho tras varios días de ausencia, en los que nadie sabía dónde se metía; venían los parientes con niños pequeños. Chéjov no disponía de un rincón tranquilo para él solo.

Algunos de sus cuentos más famosos aparecieron en sus primeros años de colaboración con los periódicos: «La muerte de un funcionario», «El gordo y el flaco», «Apellido de caballo». En «La muerte de un funcionario», un ujier se encuentra en el teatro y le estornuda en la nuca a la persona que tiene delante. Al darse cuenta de que se trata de un general, le ofrece tantas excusas que éste acaba por mandarlo al diablo, y el ujier muere. En «El gordo y el flaco», dos antiguos compañeros de colegio se encuentran por casualidad en la estación, asistimos a la euforia locuaz y fastidiosa de uno, y a la pesadez evasiva y recelosa del otro. En «Apellido de caballo», conocemos a un general atormentado por el dolor de muelas, y vemos cómo sus familiares y criados se pierden en la afanosa búsqueda del apellido de un curandero, que recuerda a algo relacionado con los caballos. Chéjov ya tenía una forma extraordinaria de introducirse en una historia, una forma brusca y ligera, fulminante e imperiosa, como si de pronto alguien abriera de par en par una puerta o una ventana para ofrecer al lector los rasgos de una figura humana o de un grupo de figuras humanas, permitirle escuchar el sonido de sus voces, intuir sus estados de ánimo, el servilismo o la afectación, la paciencia o la prepotencia, y a continuación, cerrara esa puerta o esa ventana ante el lector absorto, divertido y estupefacto. Ya por entonces, detrás del ujier desolado o de ese general pendiente de «aplicar sobre la muela enferma ceniza de tabaco, opio, trementina, petróleo», se veía un hervidero de gente, patrones y criados con su carga de abusos y miseria, y en el planteamiento cómico se insinuaba un frío estremecimiento.

Chéjov le hizo a Leikin dos peticiones. Poder escribir relatos más largos, cosa que se le permitió, y poder redactar algún cuento que no fuera cómico, cosa que también le fue concedida. Leikin manifestó algunas dudas. Sin embargo, los lectores amaban esos cuentos y, estuvieran como estuviesen, los recibían con alegría. De esa manera, Chéjov tuvo al fin el poder de combinar, en algunas ocasiones, la comicidad con la melancolía, y a los rasgos que provocaban sonrisas, sumarles la emoción, la piedad y el dolor. Desde que comenzara a escribir, tuvo por fin la libertad de abandonar la única fuente de la que le habían permitido surtirse, el humor cómico, así como la visión limitada y esquemática de la existencia. Ahora bien, si en los cuentos cómicos la risa nacía junto con un frío estremecimiento, en los cuentos más serios la emoción y el dolor nacían de una atmósfera inclemente y fría, que cortaba la respiración, como el aire cuando nieva. Y si el lector derramaba alguna que otra lágrima, el escritor tenía siempre los ojos secos. Además, los personajes de sus cuentos ofrecían sin cesar comentarios, juicios, observaciones, opiniones. El escritor no ofrecía comentario alguno. No daba la razón a nadie ni se la quitaba. Así era Chéjov en sus primeros relatos y así fue en los últimos. Un escritor que nunca hacía comentarios.

Su bellísimo relato de 1886 titulado «La corista» ocupa cinco páginas. Pasha, joven corista, recibe un día la visita de la esposa de uno de sus «adoradores», una distinguida señora, delgada, alta y pálida. La señora le monta a Pasha una escena de celos y quiere que le devuelva todos los objetos de valor que su marido le ha regalado, porque la dama y sus hijos se encuentran en graves dificultades económicas. «Pasha se dio cuenta de que aquella dama vestida de negro, con ojos furibundos y dedos blancos y finos, la consideraba un ser repulsivo y odioso, y sintió vergüenza de sus mejillas sonrosadas y regordetas, de las pequeñas manchas de su nariz, del mechón que caía sobre su frente y que no había manera de dominar.» Presa de la vergüenza y la cólera, entrega a la señora cuanto posee; del marido de ella no había recibido más que dos pequeños objetos de poco valor, lo demás se lo habían dado «otros señores», le cuenta a gritos a la señora, y sollozando le lanza todo al regazo. Cuando la dama se marcha, el marido de ésta, que se había escondido en la habitación contigua, sale y se desespera, porque su esposa se había humillado delante de Pasha, se aparta de ella «con repugnancia» y se marcha. Una vez sola, «Pasha se tumbó y estalló en fuertes sollozos. Echaba de menos las joyas que había entregado en un momento de arrebato y se sentía ultrajada. Recordó que tres años antes un comerciante la había golpeado sin motivo alguno y lloró con más fuerza aún». También de 1886 es el relato «Un hombre conocido». En él, una muchacha que se encuentra «sin casa y sin un céntimo», sin un traje ni un sombrero decente, recuerda que había conocido a un dentista al que tal vez podía solicitarle un préstamo. Cuando llega a su consulta, no se atreve a pedirle nada y, tímidamente, le dice que tiene dolor de muelas. El dentista le arranca la muela y quiere que le pague. La muchacha le entrega el único rublo que lleva en el bolsillo y que había conseguido tras vender un anillo en el Monte de Piedad. Se marcha escupiendo sangre. «Iba por la calle escupiendo sangre, y cada uno de aquellos esputos rojos le hablaba de su vida, de su mala y penosa vida, de las ofensas que había soportado y de las que soportaría mañana [...] "¡Oh, qué terrible!—murmuraba—. ¡Qué horrible, Dios mío!"» Al día siguiente, sin embargo, se va a bailar a un local elegante: «Llevaba un sombrero nuevo, enorme y bonito, una chaqueta nueva a la moda y unos zapatos de color bronce. La obsequiaba con aquella cena un joven comerciante recién llegado a Kasan.» Comicidad y piedad se entrelazan estrechamente, de tal manera que forman una unidad.

A veces, la comicidad desaparece y queda únicamente la dolorosa representación de la existencia. También de 1886 es el relato titulado «Tristeza», la historia del cochero que perdió a su hijo pequeño. Le gustaría confiarle su desgracia a los pasajeros mientras los lleva en el carruaje, pero ninguno de ellos se muestra dispuesto a prestarle atención y no le queda más que desahogarse con el caballo. «Así es, mi buen rocín... Kuzmá Iónich ya no está entre nosotros... Nos ha dejado... Se murió de repente, así como así...» La ciudad está cubierta de nieve y barro, es una noche gélida, en la cochera el aire es sofocante, y los demás cocheros entran y salen, indiferentes. El caballo echa el aliento en las manos de su amo, come avena, escucha. El cochero se lo cuenta todo.

Alexandr encontró empleo en la aduana y se trasladó a Taganrog. Iván, el cuartogénito, se diplomó en magisterio. Consiguió un puesto en la escuela parroquial de la aldea de Voskresenks. Le dieron una casa bastante grande en la que su familia pasó el verano. En los alrededores había lagos donde pescar y bosques llenos de setas. Fue para todos un verano tranquilo.

En 1884, Chéjov se costeó de su propio bolsillo la publicación de una pequeña antología de los que consideraba sus mejores cuentos, que vio la luz con el título de *Cuentos de Melpómene* y bajo el pseudónimo de Chejonte. Tras perder el empleo, Alexandr regresó a Moscú y se ocupó de distribuir el libro. A raíz de un malentendido, la obra acabó en las estanterías de libros juveniles. Fue un fracaso absoluto. «Rusia oirá hablar de ti, Antosha —le escribía Alexandr a su hermano, quien por aquella época no estaba en Moscú—. Muérete pronto, y te llorarán también al otro lado del océano. Tu gloria crecerá. Entretanto, la gente compra tu libro muy a regañadientes.»

Los paquetes con los ejemplares no vendidos le fueron devueltos. Chéjov encontró consuelo enseguida. Había terminado la universidad. Era médico. Colocó una placa en la puerta de su casa: «A. Chéjov, doctor en medicina.»

Durante un tiempo fue médico municipal en un hospital de los alrededores de Voskresenks, y más tarde, en otro hospital de Zvenigorod, donde tuvo que operar a un niño. Se trataba de una pequeña intervención, pero era la primera de su vida. El niño se retorcía y gritaba. Le entró miedo y llamó a otro médico para que lo ayudara.

Ese invierno de 1884 vomitó sangre. No le dio importancia. Les dijo a todos y se dijo a sí mismo que se le había roto una venita de la garganta.

Con el tiempo llegó a ser buen médico. Tenía muchos pacientes. A los pobres los atendía gratis.

La situación familiar parecía haber mejorado. Compraron muebles y un piano. Iván había conseguido un puesto en una escuela de Moscú y se había marchado de Voskresenks. Para pasar el verano alquilaron una casa en Babkino. Se trataba de una casa rodeada de plantas. Los Chéjov daban gran importancia a los veraneos y a todos les gustaba el campo, pese a que en el pasado habían odiado el barro y el polvo de Taganrog.

Cerca de Babkino vivía el pintor Isaak Levitán. Por entonces era un joven de unos veinte años. Tenía la nariz larga, ojos negros y una tupida cabellera negra. Estaba enfermo de los nervios y le rondaba la idea del suicidio. Ese verano, Chéjov se hizo muy amigo de él y lo llevaba con frecuencia a su casa. Levitán se enamoró de María, la hermana de Chéjov. Por lo demás, siempre se enamoraba de todas las mujeres. Le pidió a María que se casara con él. La muchacha lloró mucho, por compasión y porque estaba indecisa. Antón la disuadió. No iba a ser feliz. María rechazó a Levitán. No se casó nunca.

La casa de Babkino había salido cara. Chéjov acabó aquel verano cargado de deudas. Ni siquiera sabía cómo pagar el regreso de la familia a la ciudad. Se vio obligado a pedir un préstamo a los periódicos. Finalmente, consiguieron marcharse de Babkino.

En Moscú se mudaron de apartamento. Se fueron a un barrio sobre el Moscova, un barrio «barato, limpio, estúpido y tranquilo», según se lo describió Chéjov a Leikin en una carta.

Leikin invitó a Chéjov a pasar dos semanas en San Petersburgo y se hizo cargo de los gastos. El escritor aceptó. Corría el mes de diciembre de 1885. En San Petersburgo conoció a Alexéi Suvorin, director de la revista *Tiempo Nuevo*. No gozaba de buena fama. Se decía de él que era astuto, cínico, oportunista, falto de escrúpulos. Su diario era reaccionario. Pero Suvorin le cayó bien a Chéjov. De joven había sido muy pobre y provenía de una familia de siervos de la gleba. Su mujer, como no se cansaba de repetir, había caminado descalza. Ahora eran fabulosamente ricos. A Chéjov le parecía cómico, porque se daba mucha importancia y se jactaba de su riqueza. Pese a ello admiraba su inteligencia, su ironía y su cultura. Suvorin le pidió que colaborara con *Tiempo Nuevo*. Le ofreció doce kopeks la línea. Entablaron una amistad que duró muchos años.

De regreso a Moscú le envió a Suvorin un relato, «Réquiem», y Suvorin se lo publicó de inmediato.

Se disponía a publicar una nueva selección de cuentos con el título de *Cuentos variopintos* (o *Relatos abigarrados*). Suvorin y otros le insistían para que usara su nombre. Él no quería. Solía decir que en realidad era médico y que pronto dejaría de escribir. La medicina era su legítima esposa, y la literatura, su amante. Y añadía que no tardaría en abandonar a esa amante.

En febrero de 1886 recibió una carta de Grigórovich. Para Chéjov fue una gran emoción. Grigórovich era un escritor muy conocido, de sesenta y cinco años. Chéjov lo había conocido en San Petersburgo, pero apenas se habían hablado. En su carta, Grigórovich le manifestaba su inmensa admiración. Cuarenta años antes, Grigórovich había celebrado la revelación de un gran escritor: Dostoievski. Con gran entusiasmo, Grigórovich le escribía ahora a Chéjov que leía todo lo que las revistas publicaban de Chejonte. «Tiene usted verdadero talento, un talento que lo coloca por encima de todos los escritores de la joven generación.» Le daba algunos consejos: que no escribiera demasiado, ni demasiado deprisa; que no utilizara detalles excesivamente crudos, como uñas irregulares o pies sucios; que firmara con su verdadero nombre. Chéjov hizo caso omiso de estos consejos.

Así y todo la carta de Grigórovich lo había hecho tan feliz que no se cansaba de releerla y de enseñársela a parientes y amigos. Aparecieron los *Cuentos variopintos*, que no tuvieron buena recepción por parte de los críticos. «El delirio de un demente», escribió uno. Y otro escribió que era como «un limón exprimido que se pudre a los pies de un muro». Como Chéjov sabía que Grigórovich y Suvorin lo admiraban, se sintió herido por estos comentarios, humillado ante ellos.

Quiso mudarse otra vez de casa. En esta ocasión no alquiló un apartamento, sino una casa de dos plantas en el centro de Moscú. Tenía la consulta en la planta baja. El alquiler era alto y tuvo que llevar el reloj al Monte de Piedad. Se vio obligado a pedirle un préstamo a Leikin.

La casa estaba siempre llena de gente. Iba a visitarlo el padre, siempre inflexible, vanidoso, parlanchín. Iban las amigas de María, el poeta Palmin y el escritor Korolenko, y además, pintores amigos de Leviтán y Nikolai. Este último pintaba cada vez menos, y algunas veces por la noche, había que ir a buscarlo porque de tan borracho se dormía en las tabernas.

Alexandr estaba entonces en San Petersburgo; Suvorin lo había contratado para la redacción de su revista. En la primavera de 1887, se desató una epidemia de tifus. Alexandr le escribió a Antón que había enfermado y le rogó que fuera enseguida. Antón partió de inmediato. En realidad, Alexandr no tenía nada, estaba muy deprimido y se había inventado una enfermedad. Quien había contraído el tifus era la mujer que vivía con él. Antón la atendió hasta que se curó. Vio a Suvorin y conversaron largamente. El director de *Tiempo Nuevo* le ofreció publicar una nueva selección de cuentos por la que le pagó un anticipo de trescientos rublos; el escritor aceptó.

Al regresar a casa no conseguía quitarse de la cabeza aquella enfermedad, y se acordaba de la ciudad de San Petersburgo, triste, azotada por la epidemia, de la gente que lloraba y rezaba en las iglesias, del luto y los funerales en todas las calles. Escribió el cuento titulado «Tifus» y lo incluyó en la antología que más tarde enviaría a Suvorin.

Con el anticipo de Suvorin se sintió rico y quiso volver a ver Taganrog. Su ciudad natal le pareció horrible. Como horrible también le pareció la casa de Seliványov, ahora deshabitada y en ruinas, esa casa que en otros tiempos les había pertenecido y donde de adolescente había vivido días humillantes. Después quiso visitar la estepa. Le daba vueltas a la idea de un cuento, un cuento largo, casi una novela, pero sin vicisitudes, un viaje por la estepa. Lo escribió un año más tarde.

En otoño de 1887, con el título de *En el crepúsculo*, aparecieron los dieciséis cuentos. El libro no tuvo demasiado éxito de ventas. En esta ocasión, la crítica se mostró favorable, pero Chéjov juzgaba banales o ambiguos aquellos comentarios. En general lo elogiaban, pero deploraban la desolación de su alma.

Escribió un drama, *Ivánov*. Pensaba siempre en el teatro; el año anterior había escrito un breve monólogo cómico, *Los perjuicios del tabaco*. Lo guardaba en un cajón. *Ivánov* es un drama en cuatro actos protagonizado por un terrateniente que sueña con un porvenir mejor para la humanidad, pero es un inepto para ocuparse de sus tierras y, en las relaciones con las personas más próximas, se muestra desabrido. Es tal el desprecio que siente hacia sí mismo que acaba suicidándose. La joven Sasha, enamorada de él, y el médico Lvov, honrado pero de ideas limitadas, son personajes que reaparecen con frecuencia en el teatro de Chéjov bajo diversas formas y con múltiples transformaciones, del mismo modo que reaparecen los lugares, la casa de campo, el jardín, y las conversaciones que fluctúan entre las futilidades aburridas y las confesiones impetuosas. En Ivánov, el protagonista, Chéjov retrató, quizá, las figuras de sus dos hermanos, Alexandr y Nikolai, incapaces de vivir, apasionados y cínicos al mismo tiempo, soñadores y holgazanes, sin fe y sin voluntad.

Ivánov se representó en Moscú, en el Teatro Korsh, en noviembre de 1887. En la cartelera figuraba el verdadero nombre de Chéjov. Los actores eran malos intérpretes, uno de ellos subió al escenario borracho. Chéjov se dio cuenta entonces de lo difícil que era el teatro, y debió de ser bastante penoso para él comparar aquellas voces y aquellos cuerpos con las criaturas de su imaginación. Al final hubo aplausos y silbidos, y un gran tumulto en la platea. Algunos de los espectadores se enzarzaron en una pelea. Llegó la policía. María, la hermana, estuvo a punto de sufrir un desmayo. Chéjov mantuvo la calma.

En los días siguientes volvió a escribir sus cuentos con el pseudónimo de Chejonte.

De 1887 es «Kashtanka», la historia de una perra. En el curso de los años, Chéjov retrató varios animales: la perra Kashtanka, el lobo Frente Blanca. En «Kashtanka» y en «Frente Blanca», se ve el mundo a través de los ojos de una perra o los de un lobo; se trata de una mirada joven, ingenua, curiosa, profundamente asombrada, absorta en descubrir y espiar los incontables aspectos extraños del mundo, sus incontables rarezas y extravagancias, las infinitas formas, imprevisibles y multicolores, que puede ofrecer el azar, las costumbres de los demás animales y las de los hombres. En eso radica la grandeza de Chéjov: sabe interpretar a los seres más dispares, ya se trate de perros, lobos, hombres o mujeres; a los ojos de todos ellos, el mundo puede parecer amigo o enemigo, afectuoso o terrible, pero resulta tan extraño que la mirada aventurada es, sobre todo, de asombro. Con el paso de los años, Chéjov retrató, además, figuras inolvidables de niños. El niño Grisha, a quien llevan a pasear y a ver las rarezas de la ciudad, o el muchachito de «La estepa», o la joven niñera de «Ganas de dormir», o el niño Vanka, aprendiz en el taller de un zapatero.

En 1888, Chéjov escribió «La estepa», su cuento más largo hasta ese momento. Se trata de un relato memorable: la estepa vista por un niño. Es un cuento en el que reinan la luz y el aire, esa luz y ese aire que, sin embargo, están ausentes en un breve relato del mismo año, «Ganas de dormir», en el que el mundo es visto de nuevo a través de ojos infantiles, pero se trata de un mundo gris y desesperado; las paredes húmedas y sucias de una habitación donde una niñera, alucinada por la fatiga y el sueño, mata al niño de sus amos. «Ganas de dormir» recuerda otro cuento, de pocos años antes, titulado «Vanka»: la carta desconsolada escrita por un niño, al que su abuelo, obligado por la pobreza, coloca de aprendiz en el taller de un zapatero. El niño no vuelve a ver jamás a su abuelo, ni la aldea donde había nacido y donde había quien le tenía cariño.

Del mismo año 1888 es «La onomástica»: una mujer celosa, una fiesta al aire libre con muchos invitados, vinos, manjares, una violenta discusión entre marido y mujer, y un niño que nace muerto. En los cuentos de Chéjov, nunca aparecen la felicidad en los matrimonios ni la armonía familiar.

En el verano de 1888, pasó unas semanas en Crimea, en Feodosiya, en la casa de los Suvorin, una espléndida mansión frente al mar. Al principio, la mujer de Suvorin le pareció estúpida y charlatana, «habla con voz de bajo o ladra como un perro», según le comentaba en una carta a su hermano Mijaíl. Sin embargo, cuando la trató, le resultó simpática y descubrió que su cháchara era como «el canto de un canario», que se podía escuchar durante largo rato sin prestarle demasiada atención. En general, la mujer despreciaba a los escritores contemporáneos, a Korolenko y Chéjov, pero idolatraba a Tolstói. A Chéjov le encantaban los baños de mar y las comodidades de aquella casa.

En otoño se enteró de que la Academia de las Ciencias de San Petersburgo le había otorgado el premio Pushkin por su volumen de cuentos *En el crepúsculo*. Eran quinientos rublos. Soñó con comprar algún día una casa en el campo y unas tierras.

En enero de 1889, se hizo otra representación de *Ivánov* en San Petersburgo, que en esta ocasión tuvo un gran éxito.

En junio de ese año murió su hermano Nikolai. Estaba alcoholizado y padecía tuberculosis. Contrajo el tifus, y Chéjov se lo llevó a Luka, en el campo, donde había alquilado una casa de veraneo, y allí trató de curarlo. Fue también Alexandr. El escritor se tomó unos días de descanso, viajó a Poltava, a casa de sus amigos Smagin. Nikolai murió en su ausencia. Siempre había dado preocupaciones por su vida desordenada y errante, pero era de carácter dulce y amable. La familia lo amaba tiernamente y no encontró consuelo tras su pérdida.

Chéjov abandonó Luka en el mes de julio, ya no soportaba aquel lugar que había visto sufrir y morir a su hermano. No sabía adónde ir, pero quería alejarse un tiempo de su familia. Al final decidió viajar solo a Yalta. Era la primera vez que iba. «Ciudad de tártaros y peluqueros», le escribió a su amigo Pleshéiev. Allí escribió «Una historia aburrida», relato en primera persona, dominado por la idea de la muerte.

En otoño, de vuelta en Moscú, escribió un nuevo drama, *El espíritu de los bosques*. Hubo quien quiso ver en el viejo profesor Serebriakov una caricatura de Suvorin. Chéjov le suplicó a Suvorin que no diera crédito a esas patrañas. Otras voces malevolentes decían que Chéjov se había vendido a Suvorin, que muy pronto se casaría con la hija de éste. En realidad, la hija de Suvorin era apenas una niña.

El espíritu de los bosques se representó en Moscú, en el Teatro Abrámov, en diciembre. La crítica habló muy mal de esta pieza. No era teatro. No significaba nada.

Años más tarde, Chéjov retomó el texto. Tras reescribirlo por completo, *El espíritu de los bosques* se convertiría en *El tío Vania*.

A finales de ese año leyó por casualidad unos apuntes de su hermano Mijaíl, que estudiaba derecho penal. Tuvo la impresión de que la gente se interesaba por los criminales hasta el día de la sentencia, pero que nadie sabía en realidad cómo se vivía en las cárceles o sometido a trabajos forzados. Tuvo entonces la idea de viajar a Siberia para conocer la vida de los presos de la colonia penitenciaria de la isla de Sajalín, situada en el Pacífico. Decidió partir rumbo a Sajalín, pese a que todos los miembros de su familia le rogaron que renunciase al viaje, pues temían sus fatigas e incomodidades. Suvorin también trató de convencerlo para que no se marchara. Todo fue inútil.

Hubo quien creyó que se iba a causa de una decepción amorosa. La más persuadida de ello era una señora llamada Lidia Avilova, a la que el escritor había conocido en San Petersburgo. Avilova estaba segura de que Chéjov se había enamorado de ella y de que se marchaba presa de la desesperación. Ella tenía marido y un hijo. Cuando Chéjov la conoció, era una mujer rubia y joven. Escribía novelas que enviaba al escritor, y éste las leía con paciencia y le contestaba amablemente. Con frecuencia, cuando estaba en San Petersburgo, se olvidaba de ir a verla. La mujer le inspiraba una profunda indiferencia y no perdía ocasión para dárselo a entender de todas las maneras posibles. A la muerte del escritor, Lidia Avilova publicó un libro titulado *Chéjov en mi vida*. En él expone, con obstinada seguridad, que Chéjov la había amado en secreto.

A él le gustaban otras mujeres. Durante cierto tiempo se había sentido atraído por una amiga judía de su hermana, Dunia Efros. Llegó incluso a proponerle matrimonio. Pero se arrepintió enseguida porque ella se había mostrado brusca y descortés. Por otra parte, ella le dijo que no de inmediato. También lo atrajo otra joven amiga de su hermana, Lika Mizinova, aunque, en realidad, el escritor huía de todo compromiso sentimental. Sus relaciones con Lika Mizinova eran tiernas pero siempre irónicas, y algunas veces, crueles. La muchacha estaba enamorada de él y Chéjov lo sabía. «Maravillosa Lika», le decía en sus cartas. Para mantenerse distante, en sus frases dejaba traslucir una burlona frialdad.

En abril de 1890 emprendió viaje a Sajalín. Toda su familia y algunos amigos lo acompañaron a la estación. Su madre y su hermana lloraban. Lika Mizinova tenía los ojos bañados en lágrimas. En el último momento, su hermano Iván, Levitán y Olga Kundesova, una estudiante de astronomía, también enamorada del escritor, decidieron subir al tren y acompañarlo durante un trecho.

Fue un viaje largo, interminable. Después del tren, tomó un barco; a continuación, otro tren, un carro de cuatro ruedas llamado *tarantás* y otro vapor. Desembarcó en el puerto de Alexandrov el 12 de julio. Alexandrov era la capital de la isla. Una ciudad gris, limpia, silenciosa. En las calles, sólo se oía el tintineo de las cadenas de los presos. En la isla había cinco penitenciarías. Lo recibieron las principales autoridades, el general Kononovich y el barón Korf. Les explicó que no había ido por curiosidad turística, sino por motivos de estudio.

Los dos fueron muy corteses, pero Chéjov sospechó de inmediato que le contaban patrañas. Las condiciones de los presos forzados, dijeron, no eran tan tristes como pensaba la gente. Le dieron autorización para circular por todo el territorio.

Chéjov se quedó en Sajalín hasta octubre. Todas las mañanas se levantaba al amanecer y exploraba minuciosamente hasta el último rincón. Habló largo y tendido con los presos y sus familiares. Solicitó presenciar una flagelación. Al marcharse había conocido a fondo a todos los habitantes. Sajalín era a sus ojos un sitio infernal donde imperaban los abusos y la crueldad. Nada de cuanto le habían dicho Korf y Kononovich era cierto.

El viaje de regreso lo hizo por mar hasta Odesa y duró dos meses. El barco cruzó el mar de Japón, el océano Índico y el canal de Suez. En el viaje murieron dos marineros y sus cuerpos fueron lanzados al mar. Con aquel recuerdo, Chéjov escribió poco después un relato, «Gúsiev»: un soldado raso llamado Gúsiev, al que han licenciado, regresa a su casa en barco; durante el viaje reflexiona, sueña, fantasea y razona; cae enfermo y cuando muere lo echan al mar. «Lo cubren con una lona y, para que pese más, ponen a su lado dos barras de hierro. Una vez encerrado en la lona, parece una zanahoria o un rábano [...]. Durante este tiempo, en la superficie, del lado de poniente, se amontonan las nubes; una de ellas parece un arco de triunfo, otra un león, una tercera unas tijeras [...].» Gúsiev ya no está, es un cuerpo inerte, un fardo atado y estrecho, semejante a una zanahoria o un rábano, a ese fardo se acercan los tiburones, y es como si su mirada curiosa, ingenua y asombrada siguiera paseándose por todas partes, descubriendo los horrores y las maravillas del mundo. En «Gúsiev», se manifiesta la idea de la muerte, en la que Chéjov pensaba de un modo nuevo, con más frecuencia que cuando se le había muerto el hermano, y también la indiferencia de la gente ante la enfermedad y la miseria, una omisión carente de culpa puesto que los demás también son pobres, y en la figura del soldado Gúsiev es posible que se reflejara la imagen de algún desventurado que había conocido en Sajalín.

De regreso a Moscú se encontró con que, durante su ausencia, su familia había vuelto a mudarse de casa. Lo consideraron conveniente por motivos económicos. La nueva residencia era más pequeña y más modesta. Ahora Iván, María y Mijaíl ganaban dinero, pero Alexandr no hacía más que pedir ayuda. Su primera compañera había muerto y se había unido a otra mujer, con la que había tenido otro niño. Además, el padre había regresado con la familia después de dejar su empleo. A su regreso, a Chéjov volvieron a asaltarlo las preocupaciones de siempre. Se había prometido escribir enseguida el informe sobre Sajalín; puso manos a la obra, pero al mismo tiempo comenzó un relato largo, «El duelo». Le resultaba fácil escribir cuentos y de ese modo conseguía enseguida dinero.

Le llegaron ecos de voces malévolas en relación con su viaje a Sajalín; decían que había ido a buscar temas nuevos porque en sus escritos ya no tenía nada más que decir, que había ido para parecerse a Dostoievski. Sobre su amistad con Suvorin se hacían comentarios difamatorios, decían del escritor que era una mujer que Suvorin se vanagloriaba de mantener.

Suvorin le propuso hacer un viaje a Europa y el escritor aceptó. Siempre le había atraído viajar. En la primavera de 1891, partió en compañía de Suvorin y Alexéi, hijo de éste. Fue un viaje muy distinto del anterior: en esta ocasión, fue en trenes cómodos y visitó restaurantes de lujo. Estuvieron en Austria, Italia y Francia. Regresaron a Rusia dos meses más tarde.

En ese viaje se endeudó con Suvorin, tenía que devolverle el dinero lo antes posible, y como de costumbre, su familia y él deseaban irse de vacaciones. Alquilaron una casa en Bogimovo para los meses de verano. Necesitaba reunir rápidamente dinero.

En Bogimovo decidió que iba a dedicar tres

días a la semana a escribir el informe sobre Sajalín, y los tres restantes, a «El duelo»; los domingos, a alguna novela breve. Escribir el informe sobre Sajalín le aburría mortalmente, y todos los días de la semana, la idea del informe le pesaba como una losa sobre la conciencia, le parecía un deber ineludible para con los deportados describir sus condiciones y el infierno que había visto en la isla.

A Bogimovo fueron el pintor Levitán, Lika Mizinova y otros amigos. Chéjov se levantaba a las cuatro de la mañana para poder trabajar en silencio.

Escribía el informe sobre Sajalín con inmenso aburrimiento, y «El duelo», con inmenso placer.

Al terminar «El duelo», se lo envió a Suvorin. Se había cansado de Bogimovo y de los intelectuales que lo rodeaban, pues consideraba que todos ellos se enzarzaban en charlas ociosas. Le fastidiaba también Tolstói, a quien siempre había admirado mucho, y cuyas obras amaba con pasión, pero por entonces le pareció que adoptaba actitudes de profeta y que derramaba ríos de palabras superfluas. En septiembre regresó a Moscú, a aquella casa que consideraba pequeña y que le disgustaba.

Ese año se había producido una gran sequía que trajo consigo hambre y penuria. El Gobierno se hizo más represivo y la censura más rígida: temía las revueltas en el campo. Por este motivo, el mundo de los intelectuales, así como sus largos y altivos discursos insustanciales, a Chéjov le parecieron más inadecuados e inútiles que nunca. Con un amigo llamado Egórov, miembro del *zemstvo* de Nizhny Nóvgorod, se dedicó a reunir fondos de ayuda. En invierno, mientras iba hacia Nizhny Nóvgorod, una tormenta de nieve los sorprendió por el camino, en el *tarantás* en el que viajaba, y se perdieron. Cogió frío. Rodeados de nieve, Egórov y él visitaron las aldeas que más sufrían; el escritor tuvo una bronquitis y se vio obligado a regresar a su casa. En cuanto se hubo curado, partió con destino a Vorónezh, esta vez acompañado de Suvorin. En Vorónezh se podía conseguir más dinero que en Nizhny Nóvgorod, pero la presencia ilustre de Suvorin, director de un gran periódico, le daba al viaje carácter oficial, ya que a su alrededor se reunían todas las autoridades locales, que les ofrecían recepciones y banquetes. Chéjov encontraba ridículo a Suvorin en ese papel de salvador, y le parecía incompetente y caótico; los banquetes con abundancia de vinos y comidas, mientras la gente de las aldeas se moría de hambre, le resultaban insoportables.

Finalmente, terminó por compararse a Tolstói; lo había acusado de darse importancia, de hacerse el superhombre y el profeta, pero tuvo que reconocer que había organizado la recogida de fondos mejor que él, con más éxito.

Seguía pensando en comprarse una casa en el campo donde establecerse definitivamente. El cambio de aires le permitiría mejorar la salud; la vida en el campo sería menos costosa; nadie lo molestaría cuando escribiera. Tras pasarse varios meses leyendo febrilmente los anuncios de los diarios, le llamó la atención el de una casa con un amplio terreno, en la zona de una aldea llamada Mélijovo, a dos horas y media en tren de Moscú.

María y Mijaíl fueron los primeros en ir a verla. Era bonita, dijeron. Se trataba de una casa bastante nueva, pero no en muy buenas condiciones: había que arreglar el tejado y no tenía retretes. El terreno era muy bonito y grande. Pedían por ella trece mil rublos. Chéjov no disponía de esa cantidad. Suvorin acudió en su ayuda; hizo que el periódico le otorgara un préstamo. La diferencia se podía pagar en cuotas. Junto con la casa y el terreno adquirieron tres caballos, una vaca, cuatro patos, dos perros y un piano.

En marzo de 1892, Chéjov se trasladó a Mélijovo con parte de su familia. Mandaron arreglar el tejado y construir un retrete muy bonito, a la inglesa.

La casa tenía diez habitaciones. En su cuarto, María colgó en el cabezal de su cama un gran retrato de Antón. En el suyo, la madre colocó las cestas de la colada para guardar y la máquina de coser.

El padre llenó los estantes y las paredes de libros e imágenes sagradas. A medida que envejecía, su padre se volvía más fanático en sus prácticas religiosas: rezaba en voz alta, cantaba salmos, y los domingos se paseaba por el pasillo con un turíbulo de incienso. A veces recuperaba el ánimo autoritario y prepotente, daba órdenes, gritaba y peroraba; sabía muy bien que Antón era el cabeza de familia, se había resignado a ello no sin cierta amargura, y el hombre viejo y arrogante en que se había convertido sacaba a relucir en ocasiones los modales coléricos e inflexibles de otros tiempos.

En el verano de 1892, Alexandr Smagin, amigo de Antón, fue a verlo a Mélijovo. Se enamoró de María y pidió su mano. Era apuesto, de trato amable. María le dijo a Antón: «Creo que me caso.» Antón se quedó sin palabras y se mostró apesadumbrado. En los días siguientes, el escritor siguió sin hablar del tema con su hermana, como si no hubiese ocurrido nada. Entonces María creyó entender que la idea de que contrajera matrimonio y se marchara de casa entristecía a su hermano. Lloró mucho, pero renunció a Smagin, del mismo modo que años antes había renunciado a Isaak Levitán; en esta ocasión, con más pesar, porque se había enamorado de Smagin y porque ya no era tan joven. Con gran dolor de su alma, renunció a Smagin, que también sufrió mucho por la negativa.

Antón se sorprendió de aquel rechazo; solía decir y repetir que no sabía por qué María era contraria al matrimonio.

En Mélijovo, los campesinos iban a verlo para que los curara, y el patio estaba siempre lleno de enfermos que esperaban. Llegaban incluso de aldeas lejanas. Él no les cobraba porque eran pobres.

Se declaró una epidemia de cólera en la zona. El Consejo Regional lo mandó llamar; recibió el encargo de organizar las defensas necesarias.

Mandó construir barracas en todas las aldeas de la zona. Corría de una aldea a otra en un *tarantás* desvencijado. Se sentía el último de los médicos, sin dinero, sin un medio de transporte sólido, sin salud, siempre muy cansado. Entre las autoridades locales había encontrado gente seria, valiente, trabajadora. Había momentos en que mandaba al diablo a los campesinos y el cólera, que le impedían estar sentado y escribir en su cuarto. Pero se alegraba de haber colaborado con los lugareños, a quienes consideraba mucho mejores que la gente con la que se codeaba en la ciudad.

Gracias a sus medidas preventivas, en su zona nadie enfermó de cólera. No dio la impresión de que de todo ello obtuviera ningún tipo de orgullo o complacencia.

La casa de Mélijovo, que en los primeros días

le había parecido espléndida, reveló pronto sus muchos defectos. Crujía por todas partes. Estaba infestada de cucarachas y ratones.

Había decidido no enviar más cuentos a *Tiempo nuevo* y remitirlos a *Pensamiento Ruso*, de tendencia más liberal. Suvorin lo lamentó, pero lo perdonó y siguieron siendo amigos.

«El pabellón número 6» se publicó en la edición de noviembre de 1892 de *Pensamiento Ruso*. Se trata de un cuento largo, ambientado en un hospital de provincias. Un médico siente fascinación por un loco; le parece que ese loco es el único que está dotado de inteligencia y que merece ser escuchado. Le da entonces por rechazar el trato con la gente cuerda. Durante años, el médico lo aceptaba todo, pasaba indiferente en medio de la suciedad del hospital, entre los enfermos abandonados y los enfermeros brutales, y no buscaba más placeres que el sueño, el vodka y los pepinillos en salmuera. De repente, en compañía del loco descubre el ansia de conocimiento. Su alma despierta y exige un mundo mejor. Y él, a su vez, acaba en el pabellón de los locos.

El invierno en Mélijovo sumió a Chéjov en una terrible melancolía. No había más que nieve, campos desiertos, algún campesino arrebujado. Se marchó durante unos días a San Petersburgo, a casa de Suvorin.

Como sentía remordimientos de dejar sola a su familia en Mélijovo, regresó. Terminó finalmente de escribir el informe sobre Sajalín y lo envió a *Pensamiento Ruso*, donde se publicó por entregas.

Alexandr fue a visitarlo unos días; después de marcharse, le escribió para aconsejarle que huyera de Mélijovo. En el mundo había otras cosas además de aquella aldea. Se trataba de un lugar muy triste. Y el padre, con sus cháchara y sus sermones, «le devoraba el alma, igual que los ratones devoran una vela».

El informe sobre Sajalín, publicado con el título de *La isla de Sajalín*, decepcionó a los lectores, pues lo consideraron un testimonio gris, monótono. Esperaban algo más dramático. En cambio, «El pabellón número 6» obtuvo un enorme éxito.

En el número de febrero de 1893 de *Pensamiento Ruso* aparecía «Relato de un desconocido». Chéjov lo había escrito hacía tiempo y no lo había publicado por temor a la censura. Sin embargo, la censura lo dejó pasar. Se trata de un cuento en primera persona, la historia de un terrorista que se coloca de criado en casa de un funcionario, pues planea matar al padre de éste, eminente hombre de Estado. No lleva a cabo su plan. Se enamora de la mujer que vive con el funcionario, víctima patética y gentil del cinismo reinante en la sociedad de los poderosos; al morir ella, se lleva consigo a la hija.

Este relato no gustó a los críticos liberales, que juzgaron de forma muy negativa a aquel idealista de izquierdas que fallaba en sus designios.

Con el buen tiempo, a Chéjov le volvió a parecer que Mélijovo era un lugar muy bonito donde vivir. Paseaba por los bosques con sus dos perros, a los que había llamado Bromuro y Quinina. Recibió a algunos huéspedes. Fueron a verlo el escritor Potapenko y Lika Mizinova. El mismo Chéjov fue quien invitó a Lika y le rogó que no faltara. «¡Maravillosa Lika!» Ella acudió llena de esperanza; estaba locamente enamorada de él y pensaba que ahora, por fin, le diría que la amaba y le propondría matrimonio. Sin embargo, nada ocurrió. Cuando estaba con ella siguió mostrándose burlón, irónico, tierno y paternal. Por momentos parecía desearla, y poco después la rechazaba. Mostraba cierto interés por una actriz, Lidia Yakovskaia; Lika le preguntó si se había enamorado de aquella actriz, y él no lo admitió ni lo negó. En Mélijovo, Lika empezó a coquetear con Potapenko para darle celos, pero el escritor se mantuvo impasible. Cuando Lika le cantaba y Potapenko la acompañaba al piano, Chéjov los contemplaba con una gran sonrisa. Para fin de año volvió a invitarlos a ambos. Más tarde, Lika fue la amante de Potapenko, que estaba casado. Se fueron juntos al extranjero, a Suiza y luego a París; Lika quedó embarazada y Potapenko la abandonó. María y Chéjov se mostraron indignados, consideraron que Potapenko era un hombre vil y despreciable; pese a ello, volvieron a aceptarlo en casa, Chéjov no le dijo nada y todo volvió a ser como antes. Lika regresó a Rusia desde París; perdió el hijo que esperaba. Se había marchitado. Ya no quedaba en ella casi nada de su antigua y radiante juventud. Es probable que Chéjov se diera cuenta de que había sido cruel con Lika, de que había jugado con ella como el gato con el ratón, pero nadie lo sabe. No obstante, la figura de Lika aparece en *La gaviota*, y no cabe duda de que hay algo de ella en la actriz infeliz y fracasada que regresa a casa deshecha, sin futuro, con el recuerdo del niño muerto: como la gaviota a la que mataron de un tiro, «sólo por hacer algo», mientras volaba «libre y feliz» sobre las aguas del lago.

«El monje negro» narra la historia de Kovrin, un licenciado en Filosofía que, al sentirse nervioso y agotado, se va a descansar a casa de Pesotski, su antiguo tutor, conocido horticultor, propietario de un inmenso huerto de árboles frutales. Pesotski es un hombre sencillo, bueno, ingenuo, apasionado por sus plantas. Tiene una hija, Tania, enamorada de Kovrin desde que era niña. Un día, mientras pasea solo por los campos, Kovrin ve a un monje «vestido de negro, con los cabellos grises, las cejas negras» que llega volando hasta él, le dirige una sonrisa afectuosa y luego desaparece. Sabe bien que se trata de una alucinación, pero esa sonrisa lo ha hecho feliz. El monje vuelve a visitarlo en otras ocasiones, se sienta a su lado, conversan largamente sobre la vida eterna, la felicidad, la gloria. Para gran alegría del tutor, Kovrin acaba casándose con Tania, pero no logra contentarse con los bienes que la vida le ha dado, porque cuando se encuentra solo, aparece el monje que, con sus palabras, lo llena de febril soberbia. El monje le dice afectuosamente que tendrá un destino radiante, que está dotado de una mente que lo coloca por encima del común de los mortales. Poco a poco, Kovrin traiciona y destruye todo aquello que amaba: se separa de su mujer, y el viejo Pesotski muere del disgusto; el hermoso jardín y el huerto agonizan; Kovrin se une a otra mujer sin amarla. Ha enfermado de tisis, y cuando agoniza y yace en su propia sangre, aparece el monje y le susurra que es un genio y que muere solamente porque «su débil cuerpo humano había perdido el equilibrio y ya no podía servir de envoltorio a un genio».

«El monje negro» es de enero de 1894. Le contaron a Chéjov que cuando lo leyó Tolstói, siempre cauto con los comentarios elogiosos, exclamó: «¡Qué hermoso es! ¡Ah, qué hermoso es!»

En 1894, la salud de Chéjov empeoró. Tosía tanto que quedaba extenuado. Un día le dijo a su hermano Mijaíl, que lo había visto escupir sangre, que no se trataba de nada importante, pero le rogó que no se lo contara ni a María ni a su madre.

Partió con destino a Yalta, donde pasó los últimos meses del invierno. Regresó a Mélijovo en abril.

En el jardín mandó construir una caseta de madera, donde se refugiaba para escribir cuando en la casa había demasiada gente o demasiado ruido. En esa caseta escribió la obra de teatro *La gaviota*.

Pasó unos días en Feodosiya, en la casa de campo de los Suvorin, que tanto le había gustado en otros tiempos. Pero hacía frío y no había estufas. Soplaba el viento. El mar estaba encrespado. Partió rumbo a Yalta.

Le avisaron que en Taganrog había muerto un hermano de su padre, el tío Mitrofán, al que él había querido mucho. Era un hombre generoso y apacible, muy distinto de su hermano. A pesar de que era pobre, en la época más amarga, cuando quebró el negocio, había ayudado a la familia de Chéjov en lo que había podido.

El escritor se marchó a Italia. Visitó Trieste, Venecia, Milán, Génova. Luego regresó a casa.

Siempre le había gustado viajar, pero, con el paso de los años, ya no conseguía quedarse mucho tiempo en el mismo lugar.

En 1895 terminó de escribir un cuento largo,

«Tres años». Lo envió a *Pensamiento Ruso*, pero la censura recortó varias frases que se referían a la religión. «Así uno pierde las ganas de expresarse libremente—le confió a Suvorin—. Así, mientras uno escribe tiene la impresión de tener siempre un hueso atorado en la garganta.»

«Tres años» describe la decadencia de una familia de comerciantes, pero es algo más. En realidad, son tres años de matrimonio que transcurren entre sentimientos que se rozan apenas para enfriarse luego, y el hombre y la mujer siguen juntos sin tener jamás un pensamiento común, hasta que en él no queda nada de aquella felicidad tan extraña y tan inmensa que sintió un día, mientras le abría la sombrilla a ella.

En el verano de 1895, Chéjov visitó a Tolstói en Yásnaia Poliana. Ya se habían visto en otras ocasiones.

De Tolstói, Chéjov solía decir que cuando hablaba con él caía totalmente en su poder. Decía que era un ser extraordinario, un ser «casi perfecto». De Chéjov, Tolstói por entonces decía: «Es un hombre de gran talento, de buen corazón, pero hasta ahora no me parece que tenga un punto de vista bien definido sobre la vida.»

En octubre de ese año, Chéjov había terminado de escribir *La gaviota*. Se la leyó a los amigos. Todos reconocieron a Lika y a Potapenko. Dijeron que era imposible no reconocerlos. Preocupado, Chéjov le escribió a Suvorin: «Si es cierto que he retratado a Potapenko, entonces no puedo permitir que se represente ni se publique esta comedia.»

De Lika no hablaba. Después de que Potapenko la abandonara, de pasar un tiempo en el extranjero y de la muerte de su hijo, Lika vivía en Moscú, y María la veía a menudo. Como hacía antes, volvió a visitar la casa de los Chéjov.

El escritor corrigió la comedia y se la dio a leer a Potapenko. Años antes, en 1892, su amigo Isaak Levitán creyó reconocerse en el pintor de su cuento «La cigarra» y, además, creyó reconocer a su propia amante. Al leer sobre aquellos dos personajes —el uno, frío y fatuo, y la otra, frívola y necia—, se había enfurecido. Chéjov negó que el pintor del cuento fuese Levitán, y en cuanto a la mujer, en la vida real, la amante de Levitán era una dama madura y pesada, mientras que en el cuento daba la imagen de una criatura joven, pueril y delicada. Pero Levitán se enfureció tanto que rompió relaciones con Chéjov. No volvieron a verse más y se reconciliaron al cabo de mucho tiempo.

En cuanto a Potapenko, leyó *La gaviota* y no dio señales de reconocer características suyas en el personaje del escritor Trigorin, ni rasgos de Lika en el personaje de Nina, joven gaviota alcanzada en pleno vuelo por la descarga de un fusil, ni de reconocer lo ocurrido entre él y Lika. Potapenko no pareció encontrar en la obra nada que se refiriera a él. Lika sí se reconoció, pero no existe constancia de que hubiera dicho nada.

La gaviota se representó en San Petersburgo el 17 de octubre de 1896. Fue un desastre. En los momentos más dramáticos, el público reía. Cada frase era recibida con silbidos y gritos ensordecedores. Los actores actuaron aterrados, se olvidaban de sus entradas y de su parte. Al final del segundo acto, Chéjov se marchó. Comió solo en un restaurante. Luego caminó por las calles cubiertas de nieve.

Mientras tanto, María lo esperaba con Lika en el hotel, donde les dijo que se reuniría con ellas al terminar la representación. Angustiada al ver que no llegaba, María acudió a Suvorin, pero éste tampoco sabía dónde estaba el escritor.

A las dos de la madrugada, Chéjov regresó a casa de Suvorin, donde se hospedaba. Su anfitrión le dijo que María se encontraba en otra habitación, pero el escritor se negó a verla.

Al día siguiente, Chéjov tomó el tren para Moscú. A María le había dejado una nota: «Los acontecimientos de ayer no me han sorprendido ni entristecido..., no me siento demasiado mal.» A Suvorin le había dicho que nunca volvería a entregar ninguna comedia a un teatro, nunca más.

Al cabo de tres días, se hizo una segunda representación, esta vez exitosa. Potapenko le telegrafió: «Éxito colosal.» Todos, los actores y Suvorin lo instaban a que regresara y viera cómo la gente amaba ahora su comedia. No regresó. Aquella noche de gritos, risotadas y silbidos no se le había borrado de la memoria.

En el curso de los años, entre 1886 y 1890, había escrito varias obras cómicas de un solo acto: *La petición de mano*, *Los perjuicios del tabaco*, *El oso*. No les daba importancia; las enviaba a los diarios y la gente las acogía con vivo placer. Después de aquel 17 de octubre de 1895 en que *La gaviota* había fracasado, se prometió que, en adelante, esas pequeñas bromas cómicas serían la única forma teatral que no iba a abandonar. No obstante, al cabo de unos días le escribió a Suvorin que estaba dispuesto a pensar enseguida en una nueva comedia. Probablemente quería ocultarle su desconcierto. A otros les dijo que había tenido la impresión de haber recibido una paliza.

Planificó la construcción de una escuela en una aldea cerca de Novoselski. Hubo de reunir los fondos; él mismo aportó algo de dinero. Quiso supervisar las obras. Construyeron la escuela.

En marzo de 1897, mientras cenaba con Suvorin en un restaurante de Moscú, vomitó mucha sangre. Nunca había sido tan grave. Suvorin lo acompañó al hotel y llamó al médico; lo internaron en una clínica.

Los amigos iban a verlo, pero no podían quedarse mucho porque el escritor estaba muy débil y, si hablaba, se cansaba.

Fue a verlo Tolstói. Le habló de la inmortalidad del alma. Le dijo que al morir, todos, hombres y animales, se unen en una esencia única, compuesta de razón y amor. Chéjov refirió luego que había imaginado esa esencia como una gran masa gelatinosa. Con la voz débil de esos días, le comentó a Tolstói que no tenía ganas de sobrevivir de esa manera. Tolstói se puso pálido.

Chéjov sabía desde hacía tiempo que estaba tuberculoso, pero ahora los médicos le habían diagnosticado una tuberculosis grave, que afectaba toda la zona alta de los pulmones. Debía cambiar de vida. Alimentarse bien, descansar y dejar sus labores de médico. El escritor le pidió a sus hermanos que no le dijesen nada a sus padres sobre la gravedad de la dolencia.

En abril regresó a Mélijovo, acompañado por su hermano Iván. María avisó a los campesinos que ya no podría curarlos.

Antes de enfermar había empezado un cuento, «Campesinos». Lo terminó y lo envió a *Pensamiento Ruso*.

Este cuento suyo provocó encendidas adhesiones y un vivo desprecio por igual. Hubo quien le reprochó duramente haber ofrecido una imagen despiadada del mundo de los campesinos. Otros dijeron que se trataba de una obra maestra.

En «Campesinos», una moscovita sin medios, madre de una hija, acompaña al marido gravemente enfermo a su aldea natal. El marido proviene de una familia de campesinos, pero antes de enfermar trabajaba de mozo en un hotel moscovita. La mujer conoce a sus cuñados y a sus suegros, la vida de los campesinos, y su mundo tétrico, miserable y brutal. Ninguno de esos parientes la ayudará. Al morir el marido regresa a Moscú, a mendigar por las calles.

En agosto, Chéjov se fue de Mélijovo. Los médicos le habían aconsejado que no pasara allí el invierno. Contó el dinero que tenía. *La gaviota* se seguía representando y *Pensamiento Ruso* le había pagado bien por «Campesinos». Podía pasar unos meses en el extranjero.

Se fue solo. Se reunió con Suvorin en París. Allí tomó el tren para Biarritz, donde lo esperaba su amigo Sobolevski, director del periódico *Noticias Rusas*. Pasó allí quince días. Cuando empezó a hacer mal tiempo, se marchó a Niza.

Leía con atención las noticias aparecidas en los diarios sobre el caso Dreyfus. En enero de 1898, el periódico *L'Aurore* publicó la carta abierta de Zola,

J'accuse. «Zola es un alma noble», le escribió a Suvorin. *Tiempo Nuevo*, el periódico de Suvorin, se mostraba furibundamente hostil con Zola y Dreyfus. Publicaba artículos que Chéjov consideraba odiosos. Pese a ello, trataba de encontrar alguna atenuante en favor de su amigo Suvorin, su debilidad de carácter, su incapacidad de resistirse a los políticos que lo instigaban y lo echaban a perder. Pero, en ese caso, el comportamiento de Suvorin lo llenó de amargura. No quería romper la amistad con él; siguió escribiéndole y exponiéndole sus ideas y su indignación. Pero, de repente, lo vio tal cual era y dejó de apreciarlo.

Potapenko fue a Niza. Era un jugador empedernido y convenció a Chéjov para que lo acompañara al casino de Montecarlo. Se compraron una pequeña ruleta para practicar en el hotel. Iban a Montecarlo casi a diario. Perdieron dinero, y Potapenko tuvo que pedir un préstamo para volver a Rusia. Chéjov le escribió a María: «Me aburro sin Potapenko.»

Echaba mucho de menos Mélijovo. Pero María le comentaba en sus cartas que todavía hacía frío. El escritor esperó en París a que en Rusia llegaran días más cálidos. Allí se vio con Suvorin. Fue un encuentro cordial, pero entre ambos algo se había malogrado. En sus conversaciones faltaba la confianza libre de otros tiempos. En París, Chéjov buscó documentación y testimonios sobre el caso Dreyfus.

Al llegar a Mélijovo recibió una carta de Nemiróvich Dánchenko, su viejo amigo, profesor de arte dramático. Junto con el director y actor Stanislavski había fundado un teatro llamado Teatro de Arte Popular que, poco después, pasó a denominarse Teatro de Arte de Moscú. Tenía intención de poner en escena *La gaviota*. Chéjov se negó. Se acordaba del estreno de la obra, de las carcajadas y los silbidos, y ese recuerdo seguía haciéndole daño. Pero Nemiróvich Dánchenko insistió tanto que al final aceptó.

Se sentía mejor y, pese a los consejos de los médicos, retomó la vida de antes. Se dedicó otra vez a curar a los campesinos. Escribía cuentos. Planeaba la construcción de otra escuela, en Mélijovo.

En septiembre fue a Moscú. Allí presenció los ensayos de la obra de Alekséi Konstantínovich Tolstói, *El zar Fiódor Ivánovich*.

Una de las actrices le pareció extraordinaria. Se llamaba Olga Leonardovna Knipper. Era una muchacha de veintiocho años, con una tupida cabellera negra. En la obra interpretaba el papel de Irina.

El escritor había vuelto a escupir sangre. Partió para Crimea. Desde Yalta le escribió a Suvorin: «En mi opinión, Irina estuvo maravillosa. Su voz, su nobleza, su sinceridad..., todo era tan hermoso que se me hizo un nudo en la garganta... De haber continuado en Moscú, me habría enamorado de esa Irina.»

En el mes de octubre recibió en Yalta la noticia de la muerte de su padre.

Como se veía obligado a pasar los inviernos en Crimea, se dijo que tal vez fuese razonable vender la casa y las tierras de Mélijovo, y comprar otra propiedad en Yalta, donde podía establecerse con su hermana y su madre.

Habló del asunto con Sinani, librero y estanquero de Yalta. Sinani lo llevó a ver una casita de cuatro habitaciones, situada en una loma, cerca de una aldea tártara llamada Kuchukoi. Le pareció muy bonita. Después vio un terreno en Autka, a veinte minutos de Yalta; se trataba de un viñedo que bajaba en picado hasta el mar, donde podía mandar construir una casa con el número de habitaciones que necesitaba. Le pareció muy hermoso y lo compró. Le había pedido a Suvorin un anticipo de cinco mil rublos, a cuenta de sus derechos de autor, y consiguió un préstamo en un banco local.

Las obras de la casa empezaron enseguida. Mandó llamar a María para que viese el terreno. Quedó decepcionada. Se trataba de unas tierras sin cultivar, cubiertas de hierbajos. A pocos metros de allí se veía un cementerio tártaro; esa cercanía no le iba a agradar a su madre. El sendero que llevaba al mar era muy incómodo.

Cuando María se marchó, Chéjov tuvo la idea de comprar también la casita de Kuchukoi. Costaba apenas dos mil rublos. Firmó el contrato sin vacilar. Cuando escribió a María para contárselo, ésta se quedó consternada. Su hermano había decidido dilapidar el dinero.

El 17 de enero de 1898 se representó *La gaviota* en el Teatro de Arte de Moscú. Cuando cayó el telón, al final del primer acto, la sala quedó sumida en un profundo silencio. Un silencio atónito y conmovido; los actores creyeron que el primer acto había fracasado lastimosamente. Y, de repente, el público prorrumpió en aplausos. «Aplaudían los amigos y los enemigos», escribirá Nemiróvich Dánchenko en sus recuerdos.

El último acto fue una apoteosis. Los actores se abrazaban y lloraban de alegría.

Chéjov lamentó no estar en Moscú, ya que se encontraba exiliado en Yalta, sin poder moverse, porque su médico de Yalta, el doctor Altshuler, no se lo permitía.

Le escribían que todas las noches, delante del Teatro de Arte de Moscú, se formaba una cola interminable de personas que desafiaban el frío y la nieve para ver *La gaviota*.

En aquella época, mientras se encontraba en Yalta, Chéjov inició una amistad epistolar con Gorki.

Máximo Gorki tenía entonces treinta años. Su verdadero nombre era Pechkov. Había nacido en Nizhny Nóvgorod, en el seno de una familia humilde. Se quedó huérfano cuando era muchacho, y había ejercido diversos oficios. Era autodidacta. Ambos escritores no se habían visto nunca, pero Gorki le había escrito a Chéjov para manifestarle su admiración y le había enviado sus cuentos. Así se inició el contacto epistolar entre los dos escritores. Chéjov apreciaba el ingenio de Gorki. Le daba consejos.

Suvorin le había comunicado a Chéjov que tenía intención de publicar sus obras completas. Había comenzado a hacerlo, pero avanzaba despacio, y a Chéjov le molestaban esa lentitud y esa negligencia. Recibió una carta del gran editor Marks en la que le proponía publicar todas sus obras. Chéjov aceptó.

En enero de 1899 firmó el contrato. El editor Marks le pagó de inmediato una importante cantidad: setenta y cinco mil rublos. Chéjov le cedió todas sus obras, presentes y futuras, excepto las comedias. En realidad, aquel contrato no era en absoluto ventajoso, pero a Chéjov le pareció bien y se sintió riquísimo. Le escribió a sus amigos: «Me he vuelto marxista.»

En cuanto recibió el primer cobro de Marks, entregó de inmediato quinientos rublos para la construcción de una escuela cerca de Yalta. Le dio mil rublos a su hermano Alexandr, que también quería construirse una casita en el campo, cerca de San Petersburgo. A un antiguo dependiente de la tienda de su padre, en Taganrog, le escribió que se haría cargo de los estudios de su hija.

Sentía remordimientos por haber dejado a Suvorin. Había roto una relación editorial de muchos años. No le había ocultado los tratos con Marks, pero, cuando hubo firmado el contrato, volvió a escribirle para ofrecerle explicaciones.

«Tengo la desagradable impresión de haberme casado con una mujer rica—le escribió a Suvorin—. Usted y yo nos separamos pacíficamente..., vivimos sin enfrentamientos... Juntos hicimos grandes cosas.»

Suvorin publicó en *Tiempo Nuevo* un artículo de condena de las huelgas estudiantiles, y todos los intelectuales se le pusieron en contra. Decían que el Gobierno le había dado dinero. La Asociación de Escritores lo instó a presentarse ante el Tribunal de Honor.

Suvorin le escribió a Chéjov para pedirle consejo. La tirada de *Tiempo Nuevo* había bajado y muchos de los redactores habían dimitido.

Chéjov le contestó que juzgaba duramente sus

artículos. En relación con el Tribunal de Honor, le dijo que no aprobaba esta institución; los escritores debían ser libres de expresar sus opiniones, sin tener que rendir cuentas a sus semejantes. No creía que Suvorin hubiese recibido dinero del Gobierno, pero su periódico hacía todo lo posible para que lo pareciera. En el Gobierno, Suvorin tenía fama de hombre poderoso y despiadado, y su diario confirmaba esa fama.

La esposa de Suvorin le escribió a Chéjov una carta llena de rabia. Le reprochaba no haber ayudado a su marido en una circunstancia tan difícil. Chéjov le respondió que no veía cómo habría podido ayudarlo. Por otra parte, lo que le ocurría ahora a Suvorin era algo que venía madurando desde mucho antes; hacía años que se venían lanzando esas acusaciones, pero ellos dos, Suvorin y su esposa, prefirieron no darse por enterados, se habían mantenido alejados de la verdad, como los reyes.

Suvorin se negó a comparecer ante el Tribunal de Honor. Poco a poco, el vendaval que se había abatido sobre *Tiempo Nuevo* se fue calmando. Suvorin volvió a ser el de siempre, un hombre fuerte y seguro de sí mismo. Pero su amistad con Chéjov se había apagado. Primero fue el caso Dreyfus, luego la huelga estudiantil, después el editor Marks; todo ello había abierto entre ambos unas heridas imposibles de cicatrizar. Chéjov no quiso distanciarse por completo del editor, mantuvo vivos el afecto que sentía por él y los viejos recuerdos, y siguió escribiéndole y pidiéndole que fuese a verlo. Pero Suvorin no acudió.

Concluyó así la larga amistad nacida entre dos personas profundamente distintas. Suvorin era, sin duda, un cínico y un bribón, pero había comprendido a Chéjov y lo había querido sinceramente. Había apreciado la nobleza de su alma y su grandeza. Los seres humanos tienen a veces múltiples fisonomías, discordantes entre sí, insospechadas. Chéjov había amado profundamente la energía vital de Suvorin.

Gorki fue a visitar a Chéjov. Juntos pasaron los días conversando largamente. También fue a ver al escritor su hermano Iván. Su hermana y su madre habían alquilado un pequeño apartamento en Moscú, y ese invierno evitaron ir a Yalta.

Proseguía la construcción de la casa de Autka y Chéjov supervisaba las obras sumido en la perplejidad. No estaba seguro de que le gustara. Plantó árboles en el jardín: almendros y cerezos.

En primavera decidió ir a Moscú. No consultó a su médico. Se iba a hospedar con la hermana y la madre en el pequeño apartamento, y luego se marcharían juntos a Mélijovo.

En Moscú volvió a ver a Lidia Avilova. Corría el mes de mayo de 1899; llevaban muchos años sin verse. Ella tenía tres hijos. Se encontraron en la estación. Más tarde, ella describió el encuentro en su libro de recuerdos y, siguiendo su costumbre, lo adornó de una luz romántica, como si de una cita amorosa se hubiese tratado. Él subió al compartimento para saludarla, entre maletas y niños, pues ella se marchaba a una de sus casas en el campo. Le rogó que se reuniera con ella en aquella casa. «No, no iré, ni siquiera si cae usted enferma—le dijo Chéjov—. Soy muy buen médico, pero soy caro, le pediría mucho dinero, y usted no podría pagarme. Por tanto, no nos volveremos a ver.» Se bajó del tren; «desde la ventanilla vi alejarse la silueta de Antón Pávlovich; él no se volvió a mirar atrás. Entonces, yo no sabía ni podía imaginar que lo estaba viendo por última vez».

El escritor se encontró otra vez con Tolstói. Pero, en aquel pequeño apartamento de los Chéjov, estaban también presentes unos actores y hacían mucho ruido.

Volvió a ver a Olga Knipper. María y ella habían entablado amistad. Chéjov le regaló una foto de la caseta de madera del jardín de Mélijovo, donde había escrito *La gaviota*.

Olga Knipper era de origen alemán, hija de un ingeniero. Al morir su padre, la familia había pasado por dificultades económicas. Vivían en Moscú, en un apartamento de tres habitaciones, ella, la madre y dos tíos que estaban siempre borrachos. La madre daba lecciones de canto.

Chéjov abandonó Moscú y se fue con su familia a Mélijovo. Invitó a Olga Knipper a que fuese a visitarlos. La actriz fue y se quedó tres días. Luego partió hacia el Cáucaso, donde vivía un hermano suyo.

Al pie de una carta que María envió a Olga, Chéjov escribió: «Buenos días, última página de mi vida, gran actriz de la tierra rusa.»

Pusieron en venta la casa y las tierras de Mélijovo. Pedían veinticinco mil rublos. Publicaron un anuncio, pero nadie respondió.

Estaban dispuestos a bajar mucho el precio con tal de venderlo todo, la casa y las tierras. Entretanto, hicieron embalar los libros y algunos muebles para enviarlos a Yalta.

A finales de junio, Olga escribió a Chéjov y le propuso que se reunieran en julio, en Novorosisk. Desde allí marcharían juntos a Yalta.

En Yalta, Chéjov se alojó en un hotel y Olga en casa de unos conocidos. En agosto regresaron a Moscú porque Olga tenía compromisos de trabajo.

Entretanto, María había conseguido vender Mélijovo. Lo compró en cuotas un comerciante de leña.

Llegó el frío y Chéjov se sentía mal. Regresó a

Yalta. Su madre y su hermana se reunieron con él un mes más tarde.

Se instalaron en la casa de Autka, que seguía patas arriba, llena de humedad. María regresó luego a Moscú. La madre se quedó.

Ese otoño, Chéjov escribió un cuento largo, «La dama del perrito». Es la historia de un adulterio, de un amor sin esperanzas. En él reina una luz clara, la luz de Yalta. En Gúrov, el protagonista, se advierte una sensación que hasta ese momento no se había visto en los demás personajes de Chéjov: la sensación de que el amor verdadero puede llegar después de toda una existencia de relaciones fugaces que concluyen y se desvanecen enseguida sin dejar rastro. «Y sólo ahora, cuando su cabeza empezaba a encanecer, se había enamorado como es debido, de verdad, por primera vez en su vida.»

En su última estancia en Moscú, Chéjov había asistido a los ensayos de su obra *El tío Vania*. Se trataba de una refundición de *El espíritu de los bosques*, que Chéjov había definido como «el balbuceo de un niño». Pese a ello, en un momento dado quiso replanteárselo y reescribirlo. En 1897, el drama se publicó en su nueva versión en una recopilación de sus obras teatrales y se representó en provincias. Él no estaba en absoluto satisfecho, ni siquiera después de haberlo revisado, pero el público de provincias adoraba la pieza. «Nunca se sabe cuándo se gana y cuándo se pierde», le escribía a su hermano Mijaíl. El Teatro de Arte de Moscú le solicitó poner en escena *El tío Vania*.

La primera representación de *El tío Vania* en el Teatro de Arte de Moscú tuvo lugar el 26 de octubre de 1899.

En Yalta, Chéjov esperaba ansiosamente recibir noticias. Le llegaron telegramas. Había sido un gran éxito.

Cuando había asistido a los ensayos en Moscú, se había reído de muchos aspectos de la dirección que le habían parecido absurdos. Stanislavski tenía la costumbre de introducir el tictac de relojes, el sonido de timbres y sonajeros, incluso el canto de grillos. Quería que se oyeran los ladridos de perros auténticos para dar la sensación de realidad. Chéjov encontraba absurdos todos esos ruidos. Y lo que más absurdo le parecía eran los ladridos de perros auténticos. Había dicho: «Es como si en la cara de una persona pintada en un cuadro se aplicara una auténtica nariz.»

Ese año comenzó a reunir fondos destinados a construir en Yalta un sanatorio para enfermos de tuberculosis sin recursos. Tardó dos años en conseguir cuarenta mil rublos. Le entristecía la avaricia de la gente, que se negaba a contribuir y declaraba que se trataba de una iniciativa demasiado ambiciosa. Al final logró que se edificara una casita con capacidad para treinta enfermos. El escritor no estaba nada satisfecho. En Yalta, los tuberculosos sin recursos eran muchos.

En enero de 1900 se enteró de que había sido elegido miembro de la Sección de Letras de la Academia de las Ciencias, junto con Korolenko y Tolstói.

Supo que Tolstói había visto *El tío Vania* y que se había enfadado. Le parecía un drama blando, poco consistente, amoral. No le gustaba nada. Al enterarse de este juicio, Chéjov sonrió sin mostrar asomo de resentimiento. En general, a Tolstói siempre le había parecido detestable el teatro de Chéjov, pero adoraba sus cuentos, tanto como los cuentos de Maupassant. Su teatro, sin embargo, le producía enfado. En cierta ocasión le dijo a Chéjov: «Como ya sabrá, detesto a Shakespeare, pero las comedias que usted escribe son todavía peores.»

En enero de 1900, Tolstói enfermó gravemente y Chéjov, que estaba en Yalta, temía por su vida. «Si llegara a morirse—le escribía a su amigo Ménshikov—, dejaría un gran vacío en mi vida... Nunca he querido tanto a nadie como a él... Yo no soy creyente, pero de todos los credos, el suyo es el que siento más cercano, más adecuado a mí. Además, mientras en la literatura exista un Tolstói, ser escritor resulta sencillo y hermoso... Sin él, los escritores serían un rebaño sin pastor o una ciénaga horrible en la que sería difícil orientarse.»

Tolstói no tardó en recuperar la salud. En Yalta, Chéjov se sentía exiliado, siempre a la espera de alguna carta que le dijera lo que ocurría en el mundo.

En abril fueron a verlo Olga y María. *El tío Vania* se representó en Sebastopol y luego en Yalta. En cuanto Olga y los demás actores se marcharon, Chéjov volvió a aburrirse y a sentirse solo. Habían reaparecido los vómitos de sangre, pero en mayo se marchó igualmente a Moscú. Vio otra vez a Levitán, que estaba enfermo y a punto de morir.

Regresó a Yalta y decidió emprender un viaje por el Cáucaso en compañía de Gorki. En el tren, se encontraron por casualidad con Olga, que pasaba las vacaciones en el Cáucaso.

La actriz fue a Yalta en julio. Se hospedó con Chéjov en la casa de Autka. Estaban también María y su madre. El escritor se sentía tan feliz que María se alegró por él. Es posible que por entonces ya sintiera celos de Olga, pero se comentaba que iba a ser una relación pasajera.

En realidad, Olga amaba a Chéjov y quería casarse con él. El escritor, por su parte, no parecía pensar en ello. Le asustaba la idea del matrimonio. Siempre le había inspirado pavor. Por otra parte, se decía que le quedaba poco tiempo de vida. ¿Qué sentido tenía contraer matrimonio?

Acompañó a Olga hasta Sebastopol y al tren para Moscú. Después regresó a Yalta. Pero la echaba mucho de menos. Le escribía: «Querida mía, hermosa y magnífica actriz, estoy vivo, pienso en ti, te veo en mis sueños y me aburro porque no estás... Espero que te encuentres bien y seas feliz, mi pequeña y maravillosa alemana.»

A Suvorin le escribió: «Le han comentado que voy a casarme. No es verdad.»

Ese año escribió *Las tres hermanas*. La idea le rondaba desde el año anterior. La acción se desarrollaba en una ciudad de provincias, «una especie de Perm», según le escribió a Gorki, en un ambiente de militares de artillería. Las tres hermanas protagonistas eran las hijas huérfanas de un general. El drama se desarrollaba en cuatro actos. Olga iba a interpretar el papel de Masha, la segunda de las hermanas.

En octubre llevó el original al Teatro de Arte de Moscú. Comenzaron los ensayos. Al escritor le parecía que todos interpretaban mal sus papeles. Y encontraba que el drama era «aburrido, lento, arduo»; entonces escribió a Vera Komisárievskaia y le dijo que en la obra se respiraba «una atmósfera más negra que la noche». Se dedicó a revisar febrilmente la pieza.

De repente, en diciembre, decidió marcharse de Moscú y viajar a Niza. Olga no supo explicarse aquella súbita decisión. Lo acompañó a tomar el tren y se echó a llorar.

No se quedó mucho tiempo en Niza. Hizo un viaje a Italia. Visitó Pisa, Florencia, Roma. En Roma reinaba el mal tiempo. Hacía frío. Regresó a Yalta.

Allí se encontró con su amigo Iván Bunin, a quien María había invitado en su ausencia a quedarse en su casa de Autka. Era un hombre gentil y agradable, y María y su madre se alegraban de tenerlo de invitado. A Chéjov también le agradaban sus visitas.

El 31 de enero de 1901, se estrenó en Moscú *Las tres hermanas*. Chéjov no viajó.

Las primeras críticas fueron desfavorables. Decían: «Chéjov ha rellenado su trabajo con un cúmulo de disparates... Predica un pesimismo optimista y un optimismo pesimista... *Las tres hermanas* ni siquiera es una comedia, pero así... no se sabe qué es.»

Los espectadores no compartían en absoluto esos juicios. Amaban inmensamente *Las tres hermanas*. El teatro estaba siempre lleno. Y el crítico Yartzev acabó escribiendo: «Una obra que hace que la vida sea bella.»

Olga se reunió con Chéjov en Yalta para pasar las vacaciones. Se quedó dos semanas. Ya no soportaba que el escritor le diera largas. Quería que fijara una fecha definitiva para la boda. Pero no había manera. La actriz se marchó amargada y profundamente triste.

Y entonces, de repente, él tuvo miedo de perderla. Le escribió que se casarían en Moscú, en el mes de mayo. Pero no quería que nadie asistiera a la boda. No dijo ni una sola palabra a María ni a su madre.

Se casaron el 25 de mayo en una pequeña iglesia moscovita. Olga llevó como testigos a su hermano y a uno de sus dos tíos; Chéjov escogió a dos estudiantes a los que no había visto en su vida. No hubo nadie más. No asistió ni uno solo de los familiares de Chéjov, a quienes el escritor no había avisado.

A María, que estaba en Yalta con su madre, le escribió simplemente que se iba a la provincia de Ufá porque los médicos le habían aconsejado un tratamiento con *kumis*. El *kumis* era una bebida tártara hecha con leche fermentada de camella.

Concluida la ceremonia religiosa, mandó un telegrama a su madre para contarle que se había casado. Más tarde, él y Olga emprendieron un viaje, pasaron por casa de Gorki, en Nizhny Nóvgorod, y luego continuaron rumbo a Aksenovo, en la provincia de Ufá.

Cuando María se enteró de la boda, se llevó un gran disgusto. La *knipchits* la había traicionado. Ese era el diminutivo que Chéjov utilizaba a veces para referirse a Olga de forma cariñosa, pero en boca de María destilaba rabia y desprecio. La *knipchits*, que se decía amiga suya, no le había comentado nada de la boda. No le había dicho una palabra a nadie. «Me siento más sola que nunca—le escribió a Antón—. Soy muy infeliz, estoy deprimida... Sólo quiero verte a ti, a ti y a nadie más.»

María había renunciado a casarse para dedicarse por entero a su hermano, cuidar de él, dirigir su casa. Y ahora, de la noche a la mañana, se sentía abandonada en un rincón. Olga ocuparía su lugar, la desplazaría por completo. «Estoy de un humor horrible—le escribía a Iván Bunin, que siempre le había demostrado comprensión y amistad—, y tengo constantemente la impresión de que mi vida es un naufragio. En parte, la causa es el casamiento de mi hermano. ¡Ha sido algo tan imprevisto!... ¿Por qué Olga ha permitido que un enfermo experimentara una emoción tan fuerte y para colmo en Moscú?» Y añadía: «Búsqueme un marido rico y generoso... Escríbame más seguido. Me siento muy abatida a causa de Antosha y Ólechka.»

Desde Aksenovo, donde todos los días bebía con gran disgusto cuatro botellas de *kumis*, Chéjov le escribía a su amigo Sobolevski con tono irónico y sucinto: «Y sí, señor mío, me he casado. Ya me he acostumbrado, o casi, a mi nuevo estado, es decir, a la pérdida de ciertos privilegios y derechos, y me siento bien. Mi esposa es una persona notable, nada tonta, con un alma hermosa.»

En julio, él y Olga regresaron a Yalta. Los recibieron María y su madre, cohibidas, atemorizadas. Las relaciones de las dos mujeres con Olga eran difíciles y nunca mejoraron.

Chéjov hizo testamento. Dejaba casi todo a su hermana y poco a Olga. El testamento era simplemente una carta dirigida a su hermana. Se la entregó a su esposa para que se la diera a María cuando él muriera. A Olga le dejaba poco porque consideraba que podía vivir de su profesión de actriz.

Olga tuvo que regresar a Moscú por sus compromisos teatrales. Por otra parte, en los tres años que duró su matrimonio, esos compromisos no cesaron casi nunca.

Fue una pareja muy rara; estuvieron juntos en contadas ocasiones y se escribieron muchas cartas. Tiempo atrás, Chéjov le había escrito a Suvorin que le habría gustado una esposa que fuera «como la luna», es decir, que desapareciera a intervalos, pero por entonces no estaba enamorado de nadie, mientras que ahora las ausencias de Olga le producían un duro sufrimiento. Pese a ello, consideraba que los viajes de su esposa estaban justificados, eran necesarios. Lo que más le gustaba de las personas era su fuerza vital. Y lo que más amaba de Olga era esa fuerza, le alegraba la idea de que ella existiera concentrada en sus interpretaciones en teatros lejanos, mientras él seguía inmerso en la vida monótona de Yalta, con sus vómitos de sangre, las visitas del doctor Altshuler, su hermana y su madre que le insistían que comiera, tal como le había mandado el médico, ocho huevos diarios y se pusiera camisetas de lana. Olga le escribía: «Me duele pensar que estás allí solo, que estás triste, que te aburres... Te doy mi palabra de que éste será el último año... Haré todo lo posible para que tengas una vida agradable, cómoda, no solitaria. Ya verás que conmigo estarás bien, escribirás, trabajarás. En el fondo de tu corazón, tal vez me reproches que no te amo. ¿No es así? Me criticas porque no renuncio al teatro, porque no soy una verdadera esposa. Imagino lo que piensa tu madre de mí. Y tiene razón, tiene toda la razón... ¿Será tal vez que te arrepientes de haberte casado conmigo? Dímelo, no temas confesármelo con franqueza. Me siento horriblemente cruel. Dime qué debo hacer.»

Pero él no quería que Olga dejara su trabajo. Sufría, pero deseaba que todo siguiera tal como estaba. Le escribía: «Nadie tiene la culpa si el diablo te ha metido dentro la pasión por el teatro y a mí, los bacilos de la tuberculosis.»

En una foto donde aparecen juntos, el rostro de Olga es alegre y dulce, el de él es dulce e irónico. Para él, encontrar a Olga y unirse a ella fue un regalo hermosísimo que le hizo el destino.

En 1902, Tolstói pasó una temporada en Crimea, en Gaspra, a diez kilómetros de Yalta, en el castillo de unos amigos. Gorki se encontraba también por la zona, en Oleiz, con su mujer y sus hijos, en la casa que había alquilado. Gorki y Chéjov iban a menudo a Gaspra, a ver a Tolstói.

Tolstói solía decirle a Chéjov que su teatro no valía nada, que sus comedias eran amorales. No ofrecían nunca una solución a los más graves problemas de la existencia. Sus héroes no hacían más que ir del sofá al desván y del desván al sofá. Sin embargo, sus cuentos le parecían estupendos.

En su libro de recuerdos, Gorki habla de esos encuentros en Gaspra.

«Un día Tolstói dijo: "Estoy viejo y tal vez ya no consigo entender la literatura de ahora. Pero no me parece que sea rusa. Ahora bien, usted —se dirigió a Chéjov—, usted es ruso. Sí, muy, muy ruso." Con una sonrisa afable, posó las manos sobre los hombros de Antón Pávlovich, que se mostró confundido y, en voz baja, comenzó a decir algo sobre su casita y los tártaros.» Así lo cuenta Gorki. Y luego recuerda que en otra ocasión, cuando estaban en el almendral, Tolstói le preguntó a Chéjov si en su juventud había llevado una vida muy disoluta. Chéjov sonrió y «mesándose la barba rala» murmuró palabras ininteligibles. «Sin apartar la vista del mar—le dijo Tolstói—, yo era insaciable.»

En otra ocasión, mientras Tolstói y Gorki estaban sentados en la terraza y Chéjov paseaba por el parque con la más pequeña de las hijas de Tolstói, éste señaló a Chéjov y le comentó a Gorki: «¡Ah, qué hombre entrañable, qué excelente! ¡Modesto y tranquilo como una jovencita! Y camina como una jovencita. Es prodigioso.»

En esa época, Tolstói anotaba en su diario: «Me siento feliz de amar a Gorki y a Chéjov.»

Olga se quedó embarazada, pero en cuanto regresó a Moscú tuvo un aborto. En abril, cuando volvió a Yalta, seguía sin recuperarse. María y su madre le reprochaban haber perdido el hijo a causa de tantos excesos. No sólo se había fatigado con su trabajo en el teatro, sino especialmente por asistir a cenas y fiestas mundanas. En casa, el ambiente era tenso. Chéjov decidió volver a Moscú con Olga. Partieron en mayo. Al poco tiempo, Olga cayó gravemente enferma. Los médicos le diagnosticaron peritonitis y dijeron que había que operarla. Sin embargo, a los pocos días se restableció sin necesidad de operación alguna. Chéjov sostenía que él la había curado alimentándola sólo con leche y nata.

Esa primavera, Chéjov había escrito un cuento,

«El obispo», que apareció en *Revista para todos*. Revisó también un monólogo escrito en 1886, *Los perjuicios del tabaco*.

A Bunin, que le confesaba que no tenía ganas de escribir y que escribía poco, le dijo: «Hace mal. Lo esencial, como sabrá, es trabajar toda la vida sin cesar.» Y añadía: «Pero hay que ponerse a escribir sólo cuando uno se siente frío como el hielo.»

Por orden del zar, la Academia de las Ciencias se negó a designar a Gorki como uno de sus miembros. Chéjov dirigió entonces a la Academia su carta de dimisión. Esa carta se publicó en todos los diarios clandestinos y se difundió en el extranjero.

Gorki era marxista y soñaba con la revolución. Por su parte, Chéjov consideraba que la salvación estaba en una lenta transformación. Pero no tenía ninguna fe en el pueblo ruso. Le decía a Gorki: «Rusia es un país de gente ávida e indolente. Comen, beben muchísimo, roncan y sueñan... Nos decimos que con un nuevo zar las cosas mejorarán, y mucho más dentro de doscientos años, pero nadie hace nada para que esa "mejora" se produzca mañana. En fin, la vida se vuelve cada vez más complicada y avanza por su cuenta quién sabe hacia dónde, y la gente se vuelve más y más tonta, se aparta cada vez más y se coloca en los márgenes de la vida.»

Esto le decía a Gorki. Sin embargo, en sus cuentos, en sus comedias, hay hombres y mujeres que parecen avanzar ansiosamente hacia un porvenir menos torpe, menos oscuro, como si al asomarse a un antepecho vieran las luces de una ciudad lejana.

Regresó a Yalta en agosto. Por motivos de trabajo, Olga debía quedarse en Moscú, pero estaba irritada con María y su suegra porque no le habían pedido que también fuese a Yalta. Envió a María una carta, ofendida. María le enseñó la carta a su hermano. Chéjov le contestó disgustado con una nota llena de reproches. Olga le respondió colérica: «¿Ha llegado el momento de que nos separemos? ¡Perfecto!» Con frecuencia, ella se lamentaba de que él no le hablara de cosas importantes, como tenía por costumbre cuando conversaba con sus amigos, y con ella callara o hablara de futilidades. «Puedes vivir conmigo sin pronunciar una sola palabra. A veces he sentido que estaba de más. Creo que no me necesitas más que en mi papel de mujer agradable, pero como ser humano me siento sola, siento que soy una extraña para ti.»

Él le contestó irónico, alegre. La cólera de su mujer no pareció haberlo herido. Con ella se sentía tranquilo y seguro. Las cartas que remite a su esposa están siempre llenas de tranquilidad y seguridad. «Mi perro—la llamaba—. Mi serpiente. Mi pequeña pava.» No parecía otorgar mucha importancia a las tormentas que arrasaban a veces, incluso en la distancia, las relaciones entre su mujer, su hermana y su madre. Lo esencial eran las relaciones con Olga, que se mantenían tranquilas e intactas.

En septiembre recibió la visita de Suvorin. Juntos volvieron a encontrar el afecto mutuo. Cuando Suvorin se hubo marchado, el director de un diario local se refirió a él con desprecio. Chéjov lo defendió. Suvorin tenía mil defectos, pero había sido de los primeros en aumentarle el sueldo a los periodistas. Siempre había ayudado a los escritores pobres.

Desde hacía un tiempo, Chéjov pensaba en una nueva comedia. Tenía en mente el título, *El jardín de los cerezos*, pero le parecía que en Yalta no iba a ser capaz de escribirla. Decidió viajar a Moscú. María quiso seguirlo. Tenía mucho interés en hacer las paces con Olga. Enviaron a su madre a San Petersburgo, con su hermano Mijaíl.

Chéjov estuvo un mes y medio en Moscú. Todos lo instaban a que escribiera la nueva comedia. Pero él no conseguía hacerlo ni siquiera allí.

Regresó a Yalta, porque en Moscú hacía demasiado frío. Se dedicó a escribir la comedia. En el mes de abril, declaró una vez más que debía marcharse a Moscú porque en Yalta no lograba escribir. El doctor Altshuler protestaba. Al final, el escritor emprendió viaje sin decirle nada.

Gorki y los demás amigos lo animaban a que revisase el contrato con el editor Marks. De hecho, con la venta de sus libros, Marks había ingresado ya más de doscientos mil rublos. Chéjov habló con su editor; éste le regaló unos libros con encuadernación de lujo y le ofreció cinco mil rublos «para sus gastos médicos», oferta que el escritor rechazó.

Stanislavski, Nemiróvich Dánchenko y Olga no hacían más que animarlo para que terminara la comedia. Él apenas conseguía escribir unas pocas líneas al día.

Ostroúmov, conocido médico moscovita, le dijo que el clima de Crimea no era bueno. Le dijo que le convenía más establecerse en una casa de campo cerca de Moscú. Cuando Altshuler se enteró, manifestó que el tal Ostroúmov debía de estar borracho para hacer semejantes afirmaciones.

Una amiga de Olga los invitó a una de sus fincas, situada precisamente en los alrededores de Moscú. Allí estuvieron algunas semanas. Después, Chéjov quiso regresar a Yalta.

En octubre de 1903, envió la comedia ya terminada al Teatro de Arte de Moscú. En diciembre partía rumbo a Moscú sin haber solicitado la opinión del doctor Altshuler.

Antes de emprender el viaje escribió con gran dificultad un cuento: «La novia». Fue el último cuento de su vida. Tal vez lo pensara.

En Moscú, María y Olga habían alquilado un pequeño apartamento con ascensor.

Chéjov asistía a los ensayos. No estaba satisfecho. Se quejaba de Stanislavski. El propio Stanislavski tenía ciertas dudas sobre aquella comedia. Chéjov revisaba el texto y reescribía los diálogos afanosamente.

Según el escritor, Stanislavski había entendido mal aquella comedia. Le daba un tono trágico. Y Chéjov decía: «No he escrito un drama, sino una comedia, es más, en algunos puntos es una farsa.»

El jardín de los cerezos se estrenó el 17 de enero de 1904.

Las primeras críticas expresaban dudas. Los periódicos sostenían que en la comedia «se erigía un monumento sobre la tumba de los holgazanes». La generación joven, decían, quedaba representada de forma dudosa, imperfecta, sin vigor ni firmeza.

Chéjov regresó a Yalta en febrero. El doctor Altshuler lo encontró en condiciones de salud discretas y se sorprendió.

Desde Moscú le llegaron las noticias del inmenso éxito de público de su última obra.

En mayo reapareció en Moscú, siempre sin haber consultado al doctor Altshuler. Llegó con fiebre alta. Un médico alemán al que Olga conocía bien, el doctor Taube, le aconsejó viajar a Berlín en cuanto mejorase, a ver al doctor Karl Ewald, especialista en enfermedades pulmonares.

En los primeros días de junio, Chéjov y Olga llegaron a Berlín. Tras una minuciosa revisión, el doctor Ewald tendió los brazos en señal de impotencia. No sugirió nada. El matrimonio partió rumbo a Badenweiler, pequeña ciudad de aguas termales de la Selva Negra.

En Badenweiler se alojaron en una casa particular, la Villa Friederike, cuyo dueño alquilaba habitaciones. La casa disponía de un jardín grande y bonito, y ventanas que daban a las montañas.

Chéjov se sentía mejor. En Badenweiler lo atendía el doctor Schwöhrer. El escritor le escribió una carta alegre a María, que, más tranquila, le informó de que emprendería un breve viaje por el Cáucaso en compañía de su hermano Iván.

En Badenweiler hacía un calor tremendo. Al cabo de una semana, Chéjov ya no aguantaba Villa Friederike. Se trasladaron a un hotel, el Sommer.

El primero de julio se despertó en plena noche y le pidió a Olga que llamara a un médico. Era la primera vez que lo hacía. Olga se sintió terriblemente sola en aquel gran hotel, lleno de desconocidos. Se acordó de que en una habitación cercana había dos estudiantes rusos, llamó a su puerta y les rogó que fueran a buscar al doctor Schwöhrer.

Chéjov deliraba, hablaba del Japón y de un marinero. Ella le colocó una bolsa de hielo sobre el pecho. Y de pronto, recuperada la lucidez, él le preguntó: «¿Para qué poner hielo sobre un corazón vacío?»

El doctor Schwöhrer llegó a las dos de la mañana. «*Ich sterbe*—le dijo Chéjov—. Me muero.»

El médico le puso una inyección de alcanfor. Luego quiso mandar a buscar un tubo de oxígeno. Chéjov le dijo: «Es inútil. Cuando lo traigan me habré muerto.» Entonces, el médico mandó que le subieran una botella de champán.

Chéjov aceptó la copa que le ofrecieron y dijo: «Hacía mucho que no bebía champán.» Vació la copa y se acostó de lado. Poco después dejó de respirar. Era el 2 de julio de 1904.

Se tomaron las medidas necesarias para trasladar el cuerpo a Moscú. No se sabe por qué llegó en un tren destinado también al transporte de ostras. Los amigos y familiares que esperaban vieron llegar un tren de color verde, uno de cuyos vagones llevaba un cartel con la palabra «Ostras». El ataúd viajaba en aquel tren.

En el andén de la estación, una banda militar tocaba una marcha fúnebre. Los amigos pensaron que las autoridades habían querido saludar a Chéjov con aquella música militar. Se formó el cortejo y todos lo siguieron. Pero de repente se dieron cuenta de que no seguían el funeral de Chéjov, sino el del general Keller, fallecido en Manchuria. La banda militar era para el general. Cambiaron de rumbo.

Dos estudiantes llevaban el ataúd a hombros. En el cementerio había un gran gentío. Al día siguiente se ofició allí una ceremonia religiosa. El escritor Alexandr Kuprín se acercó a la madre de Chéjov y le besó la mano. Ella le dijo: «¡Ha visto qué desgracia ha ocurrido! ¡Antosha ya no está!»

La madre de Chéjov murió en 1919. Después de la revolución, María pasó a ser directora del Museo Chéjov, situado en la casa que la familia tenía en Yalta. Murió muy mayor, en 1957. Olga siguió trabajando de actriz. Ella también murió muy mayor, en 1959.

Las citas de los cuentos reproducidas en este libro fueron extraídas de las siguientes ediciones:

CHÉJOV, Antón: *Cuentos* (selección y traducción de Víctor Gallego Ballestero), Barcelona, Alba, 2005³.
— *Cuentos imprescindibles* (selección y prólogo de Richard Ford; ed. española de Ricardo San Vicente; traducción de Luis Abollado, José Laín Entralgo, Ricardo San Vicente y Augusto Vidal), Barcelona, Lumen, 2000.
— *Cuentos* (traducción de E. Podgursky y A. Aguilar), Madrid, Aguilar, 1988.
— *Cuentos* (selección de José Muñoz Millares y traducción de Víctor Gallego Ballestero), Valencia, Pre-Textos, 2002.

ESTA REIMPRESIÓN, SEXTA,
DE «ANTÓN CHÉJOV», DE NATALIA GINZBURG,
SE TERMINÓ DE IMPRIMIR EN
CAPELLADES EN EL
MES DE JUNIO
DEL AÑO
2024